書名：鐵板神數（清刻足本）——附秘鈔密碼表（二）
作者：題〔宋〕邵雍
系列：心一堂術數珍本古籍叢刊　星命類　神數類

主編、責任編輯：陳劍聰
心一堂術數珍本古籍叢刊編校小組：陳劍聰　素聞　梁松盛　鄒偉才　虛白盧主

出版：心一堂有限公司
地址／門市：香港九龍尖沙咀東麼地道六十三號好時中心LG　六十一室
電話號碼：+852-6715-0840
網址：www.sunyata.cc
電郵：sunyatabook@gmail.com
網上書店：http://book.sunyata.cc
網上論壇：http://bbs.sunyata.cc/

版次：二零一三年八月初版
平裝：三冊不分售

定價：港幣　七百九十八元正
人民幣　七百九十八元正
新台幣　二千六百八十元正

國際書號：ISBN 978-988-8058-15-0

香港及海外發行：香港聯合書刊物流有限公司
地址：香港新界大埔汀麗路三十六號中華商務印刷大廈三樓
電話號碼：+852-2150-2100
傳真號碼：+852-2407-3062
電郵：info@suplogistics.com.hk

台灣發行：秀威資訊科技股份有限公司
地址：台灣台北市內湖區瑞光路七十六巷六十五號一樓
電話號碼：+886-2-2796-3638
傳真號碼：+886-2-2796-1377
網路書店：www.govbooks.com.tw
www.bodbooks.com.tw
經銷：易可數位行銷股份有限公司
地址：台灣新北市新店區寶橋路二三五巷六弄三號五樓
電話號碼：+886-2-8911-0825
傳真號碼：+886-2-8911-0801
email：book-info@ecorebooks.com
易可部落格：http://ecorebooks.pixnet.net/blog

中國大陸發行・零售：心一堂書店
深圳地址：中國深圳羅湖立新路六號東門博雅負一層零零八號
電話號碼：+86-755-8222-4934
北京地址：中國北京東城區雍和宮大街四十號
心一店淘寶網：http://sunyatacc.taobao.com

一　六七八　韶光明媚画堂瑞气融融

二　廿二一　行径盘桓居止未利

三　数有不幸母当死于非命

四　廿六五　子登科第

五　四三一　乍雨乍晴春光未定

六　官至吏部文選解组林下

七　六三一　于倉万箱富寿且康

八　自立自持鸿雁竟孤飛

九　官至總曹位高爵厚

三千〇二十　卅二一　至此数完何必復衍

一 廿三 四 許子不憚勞而紩功

二 百九 不求人而自足圖個清閒之畐

三

四 力能拮据成家業中運平匕老景隆

五 爻命本局木

六 卌三 二 談咲之言湊机会一路昇平淂意回

七 五五 六五 顺受其正厥悳日新

八 七二 二 老年康健富祿荣高

九 兄弟五人数有二贵

三十 十 四 光 滿目韶光观不尽一旦无常作故人

一

二 千里经商洪海涛命逢駙馬数

三 太崇到鼠

四 前妻生二子後妻生三兒

五 五四 正欲揮戈向日俄而天闕墜其星

六

七 四三 楊花亂絮來喪服数中該

八

九 五八七 家妾不足虫鼠耗之

三〇 三十八七 居之平安为富不守故定之生危

一 四四 只可守株待兔不宜緣木求魚
二 四十 拋別妻兒万古愁青山綠水空悠ヒ
三
四 子占科名
五 兄弟四人樂奏幾般音
六 四三 四四 劍遇張華貴馬逢伯樂高
七 廿九 四十 正駕高帆遊大海忽然一陣打头風
八 白虎入牛年速解免迍邅
九 十三 十四 一灣流水源ヒ不絕
三十〇四十 毋命本局木

一　三八　五母雞二母彘享田園之樂

二　四三　水尽山穷処万事総成空

三　八七　璞玉幸逢良上識免令終歳隱于山

四　二千　春色侵人吉利可憑

五　四三四　富貴從此至冨祿自天來

六　兄弟六八人数有二貴

七　五十四九　有灾復有灾枕畔有憂來

八　白虎到寅年祈冨免灾危

九　十一九　日月泻悠〻尋常不用求

三〇五十

一 四十一 冰尽山窮命不堅渺渺茫茫別有天

二 頼有祖父栽培根基

三

四 四十六 孔子遭畏于匡爲因貌似陽虎

五

六 三十九 難進而易退

七 四十三 波息浪平行舟淂利

八 太祟犯鬼年解送免灾危

九 六十九 天上五書召地下失英雄

三百五十八

一 罡 寿穷数尽不堪悲

二 亖 惟要勤天利貞吉亨

三 丗 子当入泮

四 積有餘財貸人所息

五 六 春風吹柳絮新綠映人怀

六 全 生子之年

七 䒑 草木得红根月滋培

八 太祟犯尨年預解免灾纏

九 乇 平地起風波人在浮沉裏

三卒 芢 知進知退可保無憂咎

一 [illegible] 南边鴉鳴北边鵲噪吉凶相半
二 [illegible] 雪点紅炉禍患潜消迎百福
三 [illegible] 牧牛南畝川下禍起
四 官至尚書衆归華堂
五 姊妹四人婚姻奇配
六 [illegible] 荻芦佈子江能渡蓮華仙人海可航
七 [illegible] 虎帳之尊惟威惟赫
八 [illegible] 毋曰云亡孝服相当
九 太岁犯当年急解免灾纏
[illegible]

一 五千八七 子占科名
二 太歲犯馬年宜避凶災
三 父母双榮蔭庇長子孫猶得食天俸
四 四四三 坦道揚鞭馳駿馬順風好掉駕高帆
五 兄弟六人数有二貫
六 五八七 凶多吉少不利流年
七 廿六五 璞玉未和識洵沙始見金
八 廿三 求謀事不成身問心不閒
九 八三 脫却塵埃悠然物外永名同
三千一百六十 七六五 門庭喜気金玉輝煌

一 五七八七 人事佳景腸斷去年春

二 美美添丁喜原是一塲虛

三 乍 行樂度流年百事從容盡自然

四 兄弟二人数有二員

五 夫妻全壬午先天之数

六 莊 山中卜筮占周易悔吝灵因是凡庬

七 全 子占科名

八 自成自立自撐持骨肉親門事事虛

九 大些犯羊年祈保得安太

三壬員是 七三六五 且喜從容事事長一哥一曲樂無疆

一　兄弟二人如鼓瑟琴和樂且耽

二　五四三　至哉坤元万物資生

三　廿三　楊柳迷篙所丙欠順

四　四二　喜気如春到財源似水淵

五　廿六　岁日云亡從此無过庭之訓

六　自虎入猴年宜解免灾纏

七　十六　科場得意冲天大幸

八　四二一　子登科選

九

三王草　生意由來不聚財農田樂事稱人怀

一 大志気丈夫他日功名人真知

二

三 四三 一日晴明一日陰〻暗無定好憂心

四 廿 鄉科題名

五 也知窮達皆由命未必文章果讓人

六 四一 月缺休將鏡未補花殘莫把線未穿

七 五八 行大道樂堯天〻祐吉人

八 太歲犯雜年宜預遲災纏

九 五八 遇有風雨潤中春色欄杆时

三三算

一 𡈼 暑氣滲相侵藤罗十畝一不利卦

二 报国餘三畧傳家富六韜

三 罷八 子占高魁

四 茁 好事催人至求謀事有如

五 父死于非命

六 罕九 風捲荷珠碎又圓匕之復碎恨相連

七

八 罷六 雲散月明風靜波平

九 罗 父曰云亡泛此乏义方之訓

三十 鼎 廿 水滿春塘遊踴躍

一　太崇犯犬年祈冨免灾纏
二　科名应有分春元指掌中
三　丟　子占高科
四　盐　总是榆桑景暮还留一脉春光
五
六　罒卄廿九　独木桥心休跨馬于層浪裡莫行舟
七　罒廿　太雕老虎当門立总不傷人却有驚
八　男　子占高魁
九　前妻生三子後妻生兩兒
三十　罒卄五　子登科第

一 亖川亖 喜氣隆々福寿自臻

二 佳人咏關雎內外多麟趾

三 罒六乚 守気不如守恴好気奈心急馬行遲

四 卒罒乂 眉头開展喜気祥光

五 前妻生二子後妻生一兒

六 卄六五 月明千里好浪靜片帆輕

七 攵皿亖 堤边楊柳依々綠惟有年華色更新

八 罒亖 皓々光明月朗々吉星耀

九 知君妻子早生財發達遲

亖百卒 運至南方地功名反掌成

一　太祟犯猪年所保得安然

二　一週而剋母劬劳弗可报

三　有子应貴匕者非次

四　亥六　当依貢期不負窗前之苦

五　共五　时來得遇荆山玉貨与玉人作美珍

六　罡三　濯足滄浪洗尽塵埃便是客

七　近貴不如近市好求名莫似求財高

八　土木之年爻先早去方合

九　兊五　花発園中万樹红

三王早十　蹇馬陷泥沙步匕回头看

一　　数有七子五子送若
二　八七　泮水生香
三　卌五　此夜色淌碧先塵埃
四　廿七　名登金榜少年發達
五　八六　大開咲顏欢喜度日
六　　兄弟十人有五淂貴
七　四卅　際遇有乖遠日月有盈虧
八　卌五六　子占科名
九　卌六　祥光淂炤正暢所怀
十　卌六　推車上道举步盤桓

一 卆 徒劳田上著倉庫未能盈

二 自生三子妾生二兒

三 廿 且寒且过眞急其功

四 芲 財帛喜而称心流年順利

五 坴 溪水向東流湧匕未肯收

六 兄弟三人终断情离羣

七 罡 子登科甲

八 圭 欢咲且相親堂中物色新

九 丗 馬聘其雲騰跨万里

三壬百千 丗 人兩𣏾漓交争有是非

一 詩 鵲噪鴉鳴吉凶不一少安康

二 自生二子妾亦如之

三

四 花 風雪楊花捲作毬喪門相熖服未憂

五 李 佳気融七入西堂相熖相慶畱無疆

六 甚 荷花出水亭亭直上

七 罷 眼見功成事事宜春風無恨樂怡怡

八 繫 童年三四歲皎皎碧玉枝

九 李 行至順境何事不可爲

三十 早 猶如何水弗千山長路行独难

一 凷 青雲扶足上丹桂得意根

二 廿 日月閉蝕字宙晦色

三 坴 当依頁期

四 罡 前途可趋宛轉山曲

五 奉 芍藥雕欄喜靜風幽香無限錦叢巾

六 [illegible] 子占高魁

七 [illegible] 美運未來反似顛倒

八 頭長連胎必要虛四旬之外子入数

九 [illegible] 懸空待月彷彿清芬

亖覓足全 年來與旧業不同人物熙熙樂意濃

一 罒 捡点上林花正発于红万紫笑堪誇

二 兂 卆 壮志凌霄漬隆忌拜紫微

三 坴 欲訪五陵津不見漁郎好問津

四 罒 瑞气影入楼台之象

五 乎 旧恨新愁蹙在眉头

六 垂 岩峽之下指顧艰難

七 芁 一輪新晈月巧被黑雲遮

八 罒 十分春色徧長安阡陌行人着眼看

九 廿 鄉榜題名

亖草 垂 畐祿日更新相逢大吉人

一　一子生年局木方合此刻
二　此卦值重阳三朝七日命不堅
三　手　鵾鵬展翅扶搖直上
四　芲　笑事開心万物悠〻
五　圭　当依言期
六　䓣　愁容頓釋笑顏開
七　兵　光天化日可以安舒
八　兄弟八人数有二貴
九　时貧时貴皆由運不是心腸輸與人
亖亭芏　四野晴光太阳正長明

一　三千五百　業就功成拱手安居

二　四千六百　日上中天江山有象

三　虽然不是黌門客也是鄉閭一富翁

四　四千三百　雲散雨收日月光明

五　命当过房継育成人乃合此卦

六　九十　少年登科第風雲際会財

七　挫折虽多志不可屈

八　二十九　困于叢林君心不安

九　三十　高卧無憂並財並進

三五百千萬　朝霞簇簇景遍西堂明

一　頭長連胎終是空三十五外子入数

二　兄弟六人亡父不同母

三　父先亡母後遊易数先知

四　千九　禍患相功疾風暴雨鮮茫寥

五　三千　事已求謀蹭蹬多难成难就費吟哦

六　羅　若尽甘来茫此多慶

七　姊妹六人各自分

八　廿　周慮四顧事乃克濟其美

九

三千五百十三　老年毋服也是前数

一　姊妹四人姻缘各配

二　一生立業在行市交易公平至近人

三　兄弟四人易数先詳

四罡　尚復憂疑事不通前山已过復山同

五芸　東風报好生机已見

六　兄弟日人中断惜离羣

七其　撑过小舟急遇風波

八廿　日月将傻游尋常不用求

九六芸　南極吉星臨其年瑞気多

三百卒芸　但恐有哭耗中堂泪幾行

一 姊妹六人婚姻奇配

二 官拜臚鄉而致仕

三 兄弟十八數有九貴

四 圭 路当險処有傍徨

五 癸 飲醴飡精安然之樂

六 四九 君国子民皇道蕩匕

七 花 門庭吉慶事業興隆

八 虎咲文場定許採芹香

九 灾星在内未得安

一　　　　妻命本属木
二　　　　当有二母之称
三　千四　当依貢期
四　六千五　花期消息発报道好腈朋
五
六　三千五　愁腸百结何討方除
七　八千七　欽命典試
八　千　　　鄉榜題名
九　六千三五　政簡刑清月炤公庭
三千三百　六千五九　喜気臨門整頓笙哥

一　　母命木房火

二　罜　事匕淂和諧可在南桜披拂悔粧台

三　　二親辞世是何时他日母先父後期

四　票　重年一二朵葵花向日開

五　莁　哀匕泣血有刑傷之憂

六　　巳帶暗杀子当死于非命

七　　今朝喜相公到

八　莁　踴躍自如事匕可為

九　苝　十行九空西行又復東

三千三百午　双親归世是何月归定父先母後归

一　壵　当依貢期
二　𢦏　耗神会破神虛費不留人
三　　　技藝不尋常当得提携冨日張
四　去　吐秀丹桂正放之时
五　　　数有六子四子送老
六　花　公訟未勾連虽不傷也破錢
七　　　二子送老俱是庶出
八　共　屈貢誼于長沙时之未遇耳
九　　　滿胸热血不平事异日终須一笑顏
亖　卒　兄弟三人数中注定

一　卄七六　好事倍相逢財源到此通
二　慎于財賦求兵而愛民
三　卄三五六　凶神来攻幸有吉神相救
四　十三三　兄弟五人同父不同母
五　卅　雲開山色麗風靜竹枝安
六　卄七八　隐居暗室灾耗相親有是非
七　卄五六　日月相熠光千四海
八　根基敦厚可以守成
九　文場之内一声雞頌個青衿换布衣
三壬三見　創高履置田庄門庭光彩上名廣充

一 芁 前未有光明移步轉回头

二 㐂 八九数已尽专用服丹砂

三 姊妹九人婚姻奇配

四 茜 世事幺閑心意足梦魂不擾與偏長

五 芘 一湾流水遊魚踊躍

六 尧 当依貢期

七 数有八子一子

八 茜 啨中摸索処除路有光明

九 毘 名求不可求利遇復山期

亖亖亘 姊妹七人同父不仝母

一　屢田盈利不如生意

二　千九四三　壬與家業再整規模

三　姊妹七人姻緣奇配

四　命中印綬逢財当立嗣于伯父

五　千九　整頓愁怀病又攻却向東風泪兩行

六

七　禼　猩匕度坭途遥人便叫呼

八　圭　年來时不同水流鳥呼凮

九

三千三百十廿　曲道推車难以馳驟

一　姊妹八八姻缘奇配

二

三　五五六　犬生二口請君詳之

四　父母故于猴年殤年

五　七五六　澤民濟物之怀宛然甘霖之沛

六　廿三四　暫停民毓奔就经綸之技

七　五五六　姤凨姤雨日不停愁人寂寞自沉吟

八　七九八十　当依貢期

九　四八七　身登科名熊羆叶梦

三王三百三十廿一　題名鄉榜

一　大鵬將趐尚留枯木

二　前妻二子後妻二兒

三　四四三　年限將交喜事自相饒

四　浔領青衿已足謝愿

五　梅花帶雪滿園開白点人衣有服未

六　廿二　子能拜圣老景之荣

七　千九九　春風吹遍洛阳城到処花開錦綉明

八　六六五　子占高魁

九　四三　升騰之象近貴而喜傍中人

三三四七四　緣柳扶疎茂萌多行人休息漫经过

一　数有六子送老难齐

二　无事无非安然樂意

三　四五六　妻命本局土方合此刑

四　爵禄随人至事事皆亨通

五　四五六　兄弟二八損了一個

六　師傅涅槃雪衣臨身

七　四三三　自生三子妾生一兒

八　注定猶子承宗祖已生命子亦当无

九　頭長連胎終是虛三旬之外子入数

亖皐

一 奎 數該生子

二 尭 螢火依稀熠暗室

三 分有嫡母継母生吾

四 茳 岩头走馬謹慎無虞

五 兄弟五人損了一丁

六 寿足九旬大笑入黃泉

七 芒 鄉科淂意

八 官至兵脩

九 吾六五 官星相熠官高戢顯

亖亖亘卒尭 火與土木家業隆匕而與

一 圭 年过古稀而災喪天報善人
二 弄六五 天冉人合財不謀而自至
三 姊妹五人姻緣奇配
四 卄三四 阴雨連綿四野暗然
五 頗讀詩書動止親賢近貴
六 卆 五馬高風佈甘棠之善政
七 卄二 滿門和氣祥雲自集
八 亩 当風之烛光輝不定
九 弄六 寒雪尺消衣暖日榮
亖百乇 卄三四 運至时行无往不利

一　卆　子当科第

二　廾　金榜題名

三

四　苫　新月上紗窗依稀漸有光

五　垂　所謀皆左其間欠順

六　丗　花前月下唱高奇樂極悲生奈若何

七　兲　恍惚無憑行人果难

八　䇫　豈然有憔悴喜有吉人扶

九　　　戢司通政衣錦还鄉

三垚頁平芲　東風送暖榆柳好生意

一 十四 垂翼受傷飛鳥傍徨

二 五十 四九 風浪未定借輕舟以渡河

三 四十三 晚来福祿有餘波

四 十五 六 孝服臨門須有哭泣之哀

五 家業貧財妻帶来妻能助夫欠和諧

六 三十三 六 扶桑日出錦綉成倚借東風千百祥

七 三十二 登高有路可拾級而上

八 四六 東風吹得草萋已遍園林草色深

七 六九 七十 欽命典試

三三百四十三三 財祿日隆田園必增

一　妻命納音水娶妻納音金
二　、　兄弟五人数有四貴
三　乇　朝夕無憂恰似童年
四　[illegible]　催官星拱恩賜九重来
五　千九　弓馬入泮
六　兄弟七人中斷惜离羣
七　卌三　木屐無釘坭滑难行
八　壬　数該生子
九　卅九　東西奔馳事已成虛
三壺覓　心机用尽鬚眉老志気难舒強自伸

一　廿九　海棠有雨沮湿红粧
二　若問子孫貴而賤兩枝先自鬥芳菲
三　卅　連崇居安家人欢聚樂有餘
四　廿兆　不犯上不見灾園廣称怀
五　卆　暮境安然享清平之畐
六　兄弟九人数有五貴
七　卌　犹如机会失是自取傍徨
八　前妻二子後妻亦然
九　仝　終朝鼓舞克享清畐
三四早　妻命本局火

一 苩 如迷路之狀茫然不知所遇

二 罡 先失後失当自強不息

三 父母故子馬年羊年方合

四 兖 楊柳春色上林花遍処栄華冨可誇

五 芁 子登科第

六 罡 千里征途暗復阴行前自有点紅

七 芈 弓馬入泮

八 壴 清明皎潔光凨霽月

九

三吾晝干仝五六 與至三杯酒間未一局棋

一

二　茈八　交争事多端耗匕事不稳

三　垄　板桥滑湿赖柱杖以相扶

四　平、　于占高魁

五　䂨六　一朝烟雨一朝晴匕不多时雨又淋

六　　宜尔难老寿正八旬

七　圭　缶荣缶辱安分知足

八　　中年虚耗晚景荣華

九　罡四　文孝辉煌欽圣主之物色

三百三十　補授駙馬

一　生逢太白入天財綾罗錦色慣剪裁

二

三　卅　名登科甲

四　卒　荣華旦晚崇安樂值高秋

五　充　天数生成止于此寿数何須必古稀

六　壵　尚以松筠採逐留海鶴姿

七　蕐　童年如此藉庇安康

八　罡　鄉試中選

九　官至礼部

三三四章　妻命本属火方合

一　缶　天賜其麻成庇禎祥

二　壽　滿園芍藥放榮華自可樂

三

四　茁　簷前鵲噪兩三声漸有清風月色明

五　　兄弟九人数有三貴

六　弄　水遠山遥眼力不彰

七　共　魚得其水一躍而遠遊

八　兵　一声玉笛半夜未吹落梅花九曲尋

九　卒　子古高魁

三盂覃十　六五　阴鬼弄人晦病纏身

一　　剛柔能將相未遇且收藏

二　壽　運入風波地皆因數是偏

三　　英雄豪傑漢展翅自高翔

四　干　便見春風喜氣生

五　㚘　暮景足畐衆缶月不逍遥

六　圭　駕鶴归西去人間一寿星

七　　缘林豪客草泽英雄

八

九　　卧龙飽李经綸士三顧馳驅自見功

一　危桥渡过又高山頼個柱杖得往还

二　六四三　春到千家楊柳綠垌头万頃稻禾香

三　六四三　水隔之处曲轉可通

四　五七八　灾晦纏身眉头交蹙不可言

五　三十九　進取无功不如退步

六　四廿　吉慶臨門樂意濃ヒ

七　姊妹二人婚姻奇配

八　四七八　催官星炤命

九　三四百千五七八　用意圖謀百事难輕風拂捲紫雲開

一　賢如孟光配梁鴻不比尋常归女看

二　数有二子得以送老

三　六五六　浮雲自散依然日影透玲珑

四　姊妹三人姻缘奇配

五　正室乏子偏房許生兒

六　兄弟八人中断惜离羣

七　耕種空然若倉庫得豊盈

八

九

三盃賈卆　卜君享寿是何日古稀加一入黄泉

一　卒兕　春風在戶樂意濃

二　𦬒　　夯網得魚大有所獲

三

四　尭　　时雨沾濡草木枯而暢茂

五　坙　　蕩除塵埃渾身爽健自分明

六　　　　耕田得利貿易勝意可致富翁

七　尭　　奚是奚非一團和氣

八　　　　兄弟六人方合此卦

九　罡　　阳春漸到氷凍得消

亖兕卒𢀖　鼠穿墻屋耗之奚續

一 四九 五十 財帛驟發及時加增

二 兄弟十人數有四貴

三 七八 六根清淨四大本來空

四 五九 六十 可恨灾星不可逃陰陽徭度禍自招

五 五七八 山窮水盡小橋通四轉綠陰村樹濃

六 爻命本局土

七

八 已生一子妾生一兒

九 五九 事已可人怀及時行樂莫消停

三十三星是

一 垂 大展咲顔朝夕欢樂

二 姊妹四人数田前定

三 花 破局不知年时未大有缘

四 苗 天地一番新阳和一景明

五 䒤 錦綉叢〻花開滿院红

六 姊妹九八易数定之

七 罢 子登科甲

八 丰 春光融〻日漸高

九 好向玄門礼法王子孫紫綬金章

亖亖 三四 二十九 二十 逆水行舟且前且後

一 十九 数訣生子

二 百廿九 寒谷回春物有欣欣之色

三 廿九 数訣生子

四 卆二 奎星指南攬轡登車

五 半作生涯半作農中運拮据老運隆

六 三百七十 享富无求百事悠悠

七 兄弟七八方合此卦

八 四十二 楼閣高月清中夜好分明

九 七十 山径黄菊偏晚香

三百二十七 春風依旧遍江山綠柳桃花處處紅

一

二　㐂　日進其財帛神耕臻

三　兄弟八人中斷惜閉羣

四　兄弟九人數有二貴

五　管教武重大威權

六

七　丗　鄉榜題名

八

九　兕卒　中途遇雨無處覓笠

三五十三丗四　伏尸猖獗不明之象相侵

一	土	数当促寿徒增父毋之悲
二		生涯憑稔祟谷麦自盈豐
三	芢	催官星拱炤恩自九重來
四		叔父視我作爲尤子
五	圭	鄉塲捷報
六		病符相炤命骨肉有刑傷
七	毳	行径淹留難展眉头
八	罣	欢娱度日好花常開
九	卞犺	道路平坦可以馳驟
三五阜	兲	鼎心结構引旧規模

一　罜　一湾曲水環江村怀抱轉廻自有情

二　尭　数之将满百竟作归西客

三　[illegible]　灯花结蕋喜事重来

四　六七　芙蓉炤水隐匕露红粧

五　　徒弟六人二人送老

六　罷　用心鑿石方成玉着意淘沙始見金

七　　官至守備必有变迁

八　圭　禄馬扶持常多吉慶

九　　兄弟八人方合此卦

[illegible]　淋匕夜雨淹匕晦滞

一　共　進士及第

二　坴　病符相炤浮灾意外来

三　芢　花遺夜雨葉㕯披一陣風来片片飛

四　尭　登山疲于足力難固步遲

五　　　双親共樂享餘年他日炎先毋後期

六　𠰳　阴阳不和天灾反覆

七　芢　為事犹淹留当时費講求

八　䖝　莫吊問榮枯榮枯未有之

九　茁　祥光叠見坤人無日不悠悠

三壽卑

一　秋光発浩

二　兵　秋光発浩気方宝可收藏

三　蠢　喜珠掛于眉端大獲才節

四　墨　抱琴未遇知音者流水高山有子期

五　齋旧又遇新咸池豕見嗔

六　圭　子規啼落樓頭月泪流血尺声哽咽

七　埊　喜神相炤灾毒多侵

八　乘　上苑奇花呈富貴亭前瑞草报平安

九　二百〇九　舜年百十崇君今欠一春

三五百早兕　貴人指引利有攸往

一　根基如復旧修成有新名

二　圭　一年好事一年春常見君家道太平

三　金土之年夫当中年方合此卦

四　有口不能言前生所报

五　官至都司必有变迁

六　危　大小安然必有晶条绵匕

七　能文知字女中文夫

八　一毋一毋又一毋前有毋後有毋

九　迁回西方隨迁而安

三千五百卑　朦朧如醉作事乘时

一 二 三 四 五 六 七 八 九

三五五亘卆

三五五六 九十 今

丙辰之年進士及第

数注其八四方共家

木火之年夫当国孝方合此刻

雷撼山川若有驚雲收雨散太阳昇

台閣之臣山林之樂

兄弟八人数有四貫

母先死乎水火年多尚犹茂此刻生人不差

浪遊失業東西南北

一 毛 其年惡躍侵數定不須尋

二 哭 求謀不如意恭酌費心机

三

四 直假二于一子送老

五 耎 洛阳春色正芳非方裝孚紅景色奇

六

七 父母死于水土之年此刻生人不差

八

九 甚 鄉科有名

丟覓 罜六 家室未寍非侵病攻

一

二

三　卌三　檢点上林花会見千红万事華

四　廿五　春色秋来禾有安南枝悶匕有啼鵑

五　卌三　雪壓罗巾白喪門是披星

六　許多煩悶恨难言一日高兴恨有消

七　妻当帶疾病数由尔前定之

八　毋先故于火年方合刻数

九　内助賢良勤儉之归女

三十章　富貴貧賤莫怨天少年恋賭擲金不

一　　爻以納價成名得成人之迹

二　　爻先毋後易數明知

三

四　　數有七子四子送老

五　三六　東粧別去往西行水遠山長迴不同

六　三六五　日纏黃道天意定三陰

七　　終身自立會幺手足相扶

八　三八七　將晦之月已幺明

九　十六五　禍患不可測迴不但人嗔且有鬼嘖

三千五百廿八　㭃头甚朽行人有咎

一

二 浮田土之利取湖中之財

三 [illegible] 白髮蕭蕭年老歸來守林皋

四 [illegible] 火星相侵流年之咎

五

六 兄弟十人数当尽貴

七 [illegible] 朝晴夕落洒征人泥滑黄昏次第行

八 [illegible] 閉門拙守横灾意外来

九 隻手爲人傍個貫人起業

[illegible] 数有七子二子送老

一 迷恋烟花豈不知有妨名節

二 毳 西水缶声空有浪綉花岂美不聞香

三 卆 終須一梦到華胥寿数幾人有古稀

四 垚 事業峥嶸玉堂吉慶

五 苦 崎嶇山路意有憂疑

六 丗 耒門相炤憂及于師

七 風塵芳若上長安博湃州官列官班

八 罡 錦綉映人春光可人

九 数注懸絲自縊高楼上飄魂

亖丟亭苦 禪院忽生非破財難免

一

二　八千七百　煩惱無端言之難堪

三　六千五百　大運將至畐來無地

四　其年有災星病符來相炤

五　週年無毋刑傷太重

六

七　六千七百　少年登科

八　兄弟十人方合此刻

九　命帶財星財氣厚旺夫益子畐無窮

十　三千六百五十　真假五子一子送老

一　疊　橫進資財湊合自天來

二　詹　黑雲密佈恨天不雨

三　苗　鄉科中選

四　芒　春花取次看馬头得意回

五　垩　草木萌芽春風轉緣

六　兄弟九人方合此刻数

七　兄弟七人同父不同毋

八　其　馬化龙駒功名显達

九

一

二 卌三 出沼英蓉鮮色莫並

三 乇 夜雨連宵愁人寂寞

四 芒 數該生子

五 廿 有天然之樂安享清平

六 㲋 子登科甲

七 卌三 所望無不遂謀之皆有成

八 以監而選縣丞數由前定

九 柰犯雷霆犯天之怒

亖皐罡 承天之休恪恭而盡哉

鐵板神數

一　芏　中途遇雨步履不安
二　打算為活許經紀作生涯
三　問子息五旬之外得之方始安
四　水火相刑死在舟中
五　子登科名
六　芊　是年遊遠道
七　数注当壞一足
八　其年灾晦纏身有犯太歲
九　圭　父母有瞽目数由前定
三六頁十

書

一　亠六五　吩咐東君好護此奇花遭雨壞离披

二　官至知縣以道終身之樂

三　六廿　白雪紛飛高低路岐

四　千九　好鳥鳴春東風快人

五　二六五　十里淸山火已流沛然下雨晚凉收

六　父子不和而家門伏禍

七　毛　取用有餘快然无限

八　廾　一身閒似水逍遙出世塵

九　亠六五　紅粧簇已錦雲鋪千里方塘半笠荷

三差覓卆　官至理卿而致仕

一 兞　云归故岫碧天空光熖蓬門日色烘

二 其　日中斗現災毒漸生

三　一日愁來百事多心中煩惱乱如麻

四 芢　西方自有人携引苦守三时滯乃通

五 奕　得親知己氣相求涉此營謀不用憂

六 佺　災晦相侵肩大交蹷

七　謀爲近成錦綉映人耳目

八　官至守府不能高擢

九 去　樹木根基淺幾爲風所拔

三乇昆　兄弟六人俱是貴

一 掌朝廷大政声名四海

二

三 以恵化民上感下应

四 一隻扁舟趕早潮布帆刀掛在江臯

五 十二 夜雨刀晴連日㕭

六 十三 細雨悉絲滞而不明

七 愁多没処排春風次第来

八 花正開时遭風雨寒気傷心

九 四十八 叩門声急是非多一見官非二病魔

三七二百十六 狂風飄落葉何処是归根

一　六七　春色有脚还未去鹊报東君喜信来

二　三十　左右得人扶險处可無妨

三　十九十　一瓶一砵到処生涯

四　二三四　朦朧皎月雲去雲來

五　刀授知縣修政而愛民

六　十四　幼年生子世上难逢

七　六　前後过遍夲止皆錯

八　数有四子一子送老

九　二七　東边日出西边雨一朝飛多尤怨言

三七百十　十九十　随缘度日猿鳥相親

一 廿五六 奔々逐々憂之如何
二 廿三四 是非相尋無日得安
三
四 千十九 喜事相遇東边鴉噪又逢凶
五 廿三四 釣得魚兒已上鈎俄然躍起万無求
六 廿三四 一重欢喜一重驚道是無情却有情
七 千十九 談禪風拂座听经石点头
八 十五六 太阳相炤好事臨門
九 又陞炤磨
三七十四千 火星入宅不安之象

一　正妻無子妾許生兒

二　切莫賭中行虛了名和利

三　壵　子占科名

四　天嗣天经子当正副

五　姊妹九人全父不全母

六　尭　運逢轉处春花依旧向阳開

七　吉裏有灾耗喜運未称纯

八　罷　守靜為吉動而見尤

九　芒　運逢阳九利見大人

三七亭　共　草木久遭霜太阳一炤自春光

一　艽手　錯干事理投之皆

二　其人之七字在十二月

三　九子生年水十子生年金方合此卦

四　罡　拂拭塵埃鏡年明呵匕依旧又昏沉

五　謝却人間礼法王晨鐘暮鼓畐缶双

六　妻生一子妾生二兒

七　前夫死于木火之年方合此卦

八　金水之年当尅夫方合此刑

九　数有偏枯身帶暗疾

三百卒　科場中選

一　苦　数誎生子
二　芸　鄉榜題名
三　呷艽　天罗地網正非常使我消磨不可当
四　妻宮多根子有前後
五　力田原正作但苦谷不豐
六　金木相尅当斃樑樑而死
七　善奪天權治家能归
八　㚔　房考之年
九　奎　桃李成蹊万姓沾扇花之恩
三　七百六十花　顛倒流离窮苦自知

一　　五子生年局土金此刻不差
二　佘　和气映西堂桂蘭滿眼樂安康
三　卆　蒼松一生現有青山
四　　自生一子旁生三兒
五　　兄弟七人数注五貴
六　垂　方绪千端宝鏡当磨仔细看
七　卆九　優閒無事納禎祥幾朶梅花扑鼻香
八　　初授令尹
九　　中途險过穩步宮牆
三十　阜土　陷于坭沙难以举步

一 三十八七 可恨灾星不可逃阴阳衍虑祸相遭

二 十五六 南山鳥鳴北山張罗必有驚妨

三 辛苦经商四海家業充足一生

四 十三 不及二七数惜乎亡矣

五 半世虚名未有成原来数定晚年亾

六 四十四 手振弱柳不可着力以致傷

七 硜硜然仲由性質拘拘然仲子規模

八 兄弟六人数有四貴

九 五十三 富录乞常人子有变

三千一百千六十七八 狐欲渡河濡尾实难济

一 浔田土之業利一生常有貴人扶

二 三子生年局金木方合此刺

三 卅五 紅日已出雲又暗長夜迢巳何时且

四 長子木年生次子土年生方合此卦

五 廿五 雲現五色喜事光臨

六 三十 新竹成竿扶遙直上

七 四十三 花滿池塘香气异常

八 水年母終方合此刺

九 二十 佳節年華三月天紅匕緣匕快人怀

三百七十四 子有科名

一　至　坦然一往総無驚駕馭馳驅有駟車

二　嵩　簷前鵲噪定是末報喜事

三　　　天刑入数限中耒海中仙果結子遲

四　全　老景多啾唧斯年少吉利

五　垂　爵祿高迁恩自九重耒

六　嵒　数該生子

七　圭　老年夫婦不免凄凉之悲

八　　　父故于水年母尚犹茂方合

九　卌　春色遍郊鄌花開次第耒

三六合見

一　　身榮八品之戝畧遂平生之志

二　六　　细年入泮

三　五十九　六十　　年至耳順政治勞民

四　廿五　廿六　　言公而未尋一見便生嗔

五　共　　事多消合可以施爲

六　弄　　鄉科題名

七　廿七　廿六　　前途步步可揚眉日日春光馬足催

八　盂　　踏遍江山草色濃春花勝似去年紅

九　　此刻生人双親俱全

三十　十九　二十　　烟霞兩潔水月常明

一　廿　松堂日永正好泰祥

二　〢〨〧　吉祥有慶鵲噪簷前

三　只有麟兒亦是虛花

四　苷　該登科甲

五　芒　艱險之路不堪行風未細雨又黃昏

六　卒〥　臣心惟皎潔天地滿陽春

七　罡　子当登科

八　壽　愁怀未解不足于心

九　数有八子送老不斉

一〇　草　十三　花開逢夜雨未浔發舒

一　八崇毋亡幼被刑傷

二　水淹没命天所定也

三　十四三　迍々滞々不得通津

四　共　詼生子我亦喜哉

五　卆五九　鬚眉似白还未老

六　八宮刑及壯崇恐刑妻

七　子之亡也数有定焉

八　奕　老年父过人子之日長

九　七子土生八子木生方合此剋

三八　必无兄弟方合此剋

一　五三四　录馬盤旋手应心平波之処総无驚

二　六九　七十　寿至淀心高陞一品

三　動靜有常岂危无咎

四

五　三六五　子占科第

六　六七　優游安樂局相隨踈竹清風日日吹

七　兄弟二人中斷惜离羣

八　官至六卿荣顯堪誇

九　九二　春風正可人花落水精神

一樹菩提正茂忽然又被風吹

一 [illegible] 柳媚花明阳和天気

二 [illegible] 叔侄進士天舜善門

三 [illegible] 固一世之英也而今安在哉

四 [illegible] 子登科名

五 [illegible] 日色阳和换湑眼前新景

六 [illegible] 前番費力枉徒然自後相逢大有年

七 姊妹六人同父不全毋

八 [illegible] 運至不利禎祥叶吉

九 [illegible] 行人底事忙且遲且緩正傍徨

[illegible] 眉头帶蹙根至端最恨北風嘹峭寒

一
二　　兄弟九人数有二貴
三　花八　介在難易之間禍患叢集
四　十九二十　笋芽初出表指日便成竿
五　廿　進士及第
六　亖　命帶三刑二祟便喪灰親
七　卌　夢到高堂事已耑蟬声叫斷夕陽微
八　亖　南嶺暗耑烟楊柳迷人天
九　　無病而終幽魂騎鶴归天府
三七算平手　鄉科中選

一　禍從天上追君急遠避南方莫恨遲

二　兄弟八人数有五貴

三　十二　帆掛秋天一夕風鴻毛輕拂若朦朧

四　五十三　半夜鬼推門災星來相侵

五　兄弟十三人数有六貴

六　六九七十　房考之年

七　四九五十　屈指光阴有幾何愁腸欝々奈君何

八　利有餘囊羞澁錢青毡一片度流年

九　五十八　紅紫如錦映楼台滿眼祥光紫気来

三十會章　此刻生人必妥兄弟方合

一 命犯流霞数当産厄其母

二 共 老椿归西去入子泣血时

三 妻命本局木

四 壵 斯年順遂事和同營謀无处不春風

五 壸 進外台之極品干是乎足

六 兲 該生子

七 罡 时運不齊命遲多舛

八 浔其藝遂身勝似顛連俯仰人

九 兄弟八人数有五貫

兲亘卒 富足无求爱民成富

三五卒

一 孝貫天人以之四时成祟

二 卅 依稀日影美晴天到処花開着眼看

三 兕 数該生子

四 相度從雜路秦関百里好優民

五 官至縣丞不能高擢

六 芃 鄉科及第

七 尭 桃花帶路灼灼宜人

八

九 𡗗 安享不尋常莫夢邏足樂林泉

一　数有十一子九子不送老

二　罷　雷電陰雲佈須臾日有光

三　㐂　大小俱合吉凡事得安康

四　問子息五旬之外得之方安㞕

五　嘉　下民祗若寿畐咸臻

六　以授補孝按清平之耽

七　毋先故于金爻後没于水

八　午亢　火何不息惱着老人

九　其人之亡定在二月

三千九百足異　一段愁怀誰識得独留明月自家知

一 有子当貴亡者是次

二 劍遇張華文彩現馬逢伯樂姓名香

三 大小兒不同姓

四 命犯孤鸞再有刑一朝削髮為僧

五 天哭侵擾乒破耗而多害

六 家室相足擁其厚富

七 四十三 鼠入城墻不用猜当时恩自九重来

八 精通阴阳理数專行造福于人

九 六四三

三十五 草

一

二　四三　整頓稀帆順風乘流而直上

三　三二四　恰似大匠尘木工不額違貧之累

四　面目如破相

五　廿五　科場得意

六　六四五　春去又復秋財源似水流

七　文星炤命天登桂籍作夫人

八　三二　陣前決事不須疑鳥馬沙場功最哥

九

三五百十　四二　提防凶禍数必定耗倉箱

一　是年曾入險〻地裡出来

二　卆　道途有高低無必佳馬蹄

三

四　罒八七　苦雨連宵今日晴揚鞭直指馬蹄紅

五　共六　人和人和原来值銭多

六　妻宮知刀离合總無憑

七

八　亖九　子占科名

九　𠀆九　皎髮倉〻孫子之服

三九鼎　数注其人活計四海生涯

一 是非交加方知煩惱

二 災命早去恨无义方之訓

三 不幸厭君寿太慳早年先已別阳関

四 黃鶯如梭織得愁三春花柳漫相求

五 罡 西堂春色滿幽人安樂中

六 卅

七

八 一子合土年生三十合金年生此剋不差

九 水年夫当入泮方合此刺

一　六十五　會向滄浪一葉驚誰知亦自有神明

二　早年家業只消除晚岁凄凉奈若何

三　廿九 四甲　子当登科

四　二十五　年逢太岁不測之灾来

五　終日為人謀何不自為計

六　生來之父方之訓幼年失父

七　廿　夙夜度行程明朝夙又生

八　六十五　秋草靡萎又為淡霜所苦

九　廿　恍恍惚惚不但人嗔且有鬼嘖

三九章

一 一 一身活計在湖边衣食無虧身不寧
二 身榮翰林人生大幸
三 廿 新荷出水亭亭直上
四 廾 際遇淹留祇多煩惱
五 土木之年勿但知縣此刻生人不差
六 老 好樹滋培会見千丈樑材
七 数有七子一子送老
八 罡 枯苗無雨色如進一旦滂沱勃然秀
九 世 阳和力動方物発榮
三百卒 杬 子占高魁

一　罜　克恭克儉自然天祐吉人

二　芏　名列宮牆文明之象

三

四　卅九四十　錯足前途三十里同來度倦又更新

五　垩　晚年爲孤子世上堪誇

六　世　毋曰云亡守制孝堂

七　疾病每相侵流年純処有疵

八　金水之年点翰林此刻不差

九　廿九三十　撐之東墻傾之西壁

三九辛垩　灾杀相侵当人子糾纏

一 垩 子当登科

二 毳 路上有艰难平阳莫問律

三 㒷 子古科名

四 卅 鄉試中六

五 艽 兩順風調大有之慶

六 卆九 黃昏独坐月色光明正在天

七 数定之其妻死于非命

八 徒弟四人三人送老

九

三元頁十五 隐居青雲際馬头帯劍回

一
二　苗　数該生子
三　罪　花蕊刀紅怎堪風雨
四　兕平　連年晦滯今皆释自今更換又更新
五
六　至　七二称哀子人生一奇
七　罡　子中科名善之所至
八　罴　月朗梅争秀風和柳吐青
九　畲　吉星焰耀官職高陞
三千九百卆　七九八十　安然無事老景勝中年

一 垂 早運遲匕後運美梅花只到雪时奇

二 垂 數之生子阴隲中來

三 七九八十 子当登科

四 兄弟七八數有四貴

五

六 垂 遠近依匕物有情好花開向値淸明

七 垂 老樹萌芽主生子

八 垂 斯时妻喪亦是应然

九 一百〇四 終于一百零四年拍掌大咲便登仙

罕足 垂八 主有哀悲之憂

一 卌三 斯時運已通作爲事之隆
二 自成自立自支持可謂鬚眉大丈夫
三 大六五 公道世間爲白髮貴人头上不會饒
四 亖乙 寒煖其常小咎終不免
五 惟知務禮宜家宜室晏然之樂
六 艽 盈盈秋水淡青山山
七 罒六五 而今撐過羊腸道周道委馳事不难
八 大八七 且謳且歌莫爲兒孫掛碍
九 六 李宗朱程術出楊會爲人祏福富貴尙期
罕 罝 万象開新韶光処処同

四〇千

一 三三 鸞鳳和諧難免中天一笑

二 四三 由熙由廣利涉大川

三 廿三 君子嘉遯吉无不利

四 五四三 方舟正芳菲韶光処匕宜

五 六廿五 扶山超海緣木求魚

六 廿二 君子機不如舍往吝

七 兄弟八人数有三貴

八 四三 獨彼無処有清流采喜应求來破旧愁

九 廿二 求之于規矩自可取方圓

一　廿三　名登龍虎榜
二　滿腹文章貴斗牛鄉榜題名独古先
三
四　卌　遥逢佳境如花遇春
五　卒　老來无恙是多福
六　罡　龍德相扶大吉之象
七　为仲伯之德由惠正直
八　夫　名登金榜
九　刼杀相逢当死于刀鋒之下
十　罕　兄弟五人中断惜离羣

一　卌三　名登虎榜
二　六廿五　方当出仕又阻抑
三　丗七　人坐春風其樂融〻
四　六廿五　鄉榜題名
五　為人依本分言行兩岔虧
六　胸中錦綉人难及会魁天下是君家
七　丗二　涵濡玉露菜花倍有春色
八　六廿七　宴飲鹿鳴
九　六廿五　度过崎嶇路攸往是坦夷
罒〇卑　秦　坤人之運造化奇一天星斗見光輝

一 畨 不假推移安然進步

二 春時日日好深閨淑気佳

三 卌 刘郎莫恨蓬山遠駧使傳書已到門

四 㐄 顏回之夀少四年而歸

五 𠦃 暮年為政從心所欲

六 卋 月在水中可玩而不可捉

七

八 廿 深院鎖黃昏陣陣芭蕉雨

九 𢆉 烟暖初出鶯晚來景色新

罒 危逢淺水虎落平壤

一 [illegible] 数該生子

二 [illegible] 解神切莫敵凶神破去錢財又費心

三 [illegible] 進取好張施貴人得扶持

四 此数推求性最華身近侯伯足堪誇

五 天毓其才人莫並金堦首選

六 [illegible] 瑞気融匕景象大非前日

七 佳人有正副正副不和睦

八 父子千總人生大幸

九 [illegible] 南院枯枝復発其栄

[illegible] 喜気盈門事物更亲

一　卄五六　朱雀啣符至勿引是非來

二　分有前毋生我是麻

三　由把總而陞千總叨沐祖庇

四　卄八七　見尨在田曹其潤澤

五　亠三二　年々事々通枯枝槁木皆発榮

六　亠三二　風行水面旋起波涛

七　公義以行可為一方之保偉

八　得人與他爲活計傍個貴人発大家

九　卉　犬生兩口当有哭泣之哀

罒丰　罒八七　代木丁丁鶯求友直諒多開同気求

一 木花 瑞気凝于庭休徵交应

二 武曲照命由把總而陞首脩

三 罜 事々從容眉头喜色

四 徒弟五人三人送老

五 莁 人事從容謀之有功

六 水年尅妻本年再娶方无刻数

七 丟 簷前喜鵲噪投喜又報晴

八 保固地方精練兵器以禦

九

罒孚今

一 罜 安居為福幽人貞吉

二

三 夫妻諧老数由前定

四 尨 鳥鳴嚶嚶飲啄自得其时

五 罡 密雲不雨自我西郊

六 䒑 花開未久春光尽可惜枝头一旦傾

七 一輪明月

八 噐 一輪明月月映秋林無边風景爽气生

九 不須卜甲子五旬之外人

罕九十 鵰雄相守岩林隱得優游

一　筒有衣倉有粟一生衣食足

二　甲子之年鄉榜題名

三　志在四方他日錦衣归故里

四　五三四三　踞盤石之安言其未可動

五　藝術依人顯能得福自臻

六　振基業于当時播芳名于後世

七　不敢許千金数实許七百数荣身

八　七三四三　一貢成名少年得意

九　如金如錫如圭如璧

四百二十二　風靜日䨮山靜禪閒

一　一七四三　辟雍成名祖宗之荫
二　深秋黄菊晚節馨香
三　一七四三　夫当入泮
四　四祟丢父难免泣血
五　四六二五　如韓信受夸下之时
六　一七四三　夫登科甲坤人之幸
七　廿九　駟使傳消息門庭喜色来
八　四六二五　花開勝似去年红滿院叢中鋪錦绣
九　時
四百二十七四三　明月清風人情舒暢听鐘声

一　六十五　少年辟雍樂莫大焉
二　山外青山名可求前程進步在他州
三　六十五　夫当入泮
四　廿七　山高水深舟人不偹
五　廿六　父亡矣陟岵生悲
六　五六十五　他年平地風波起遠避桃源免禍殃
七　六十五　夫登科甲
八　八十七　昨夜征夫路上來梅花千里獲樓台
九　六十五　少年依貢世難逢

四百二十　世事不明謬迷于性

一 数有三毋之称

二 姻緣有曉蹊不合明媒正要

三 罒兄 人事年來有動搖定名不足莫心高

四 持立不肯媚人之反以取笑

五 至 数該生子

六 陞選千總

七 罒八七 根深蒂固有為之时

八

九 卒 春光在日無日不足

罒亘千七三四 夫当登科

一 芸 花錦襯雕鞍月月春光定

二 茁 月已堂清光遍休精神爽

三 復補百總

四 兰 乱詹爲禍又爲災啾唧無端水破財

五 葦 四齡一躍成文士

六 杏八 夫当入泮

七 稟 寿喜年高一百餘

八 亘 寿餘百歲有三春悠悠一夢

九

罡亘罕世 迷于窮途轉之路通

一

二 古 夫登科甲

三 金珠爲質酉爲飾寫出丹青鳳羽儀

四 溫匕恭八爲悳之基

五

六 數年立志雞窗下一旦標名姓字香

七 父母生土年終水年方应此刻

八 輝宗祖之箕裘不止守成

九

罡亭卒卆 深秋黃菊晚節馨香

一 奔 夫当入泮
二 不思遊泮青雲路只圖農業樂終身
三 秉性常清净存心更慈和
四 奔 夫登科甲
五 𢆉 勿得因人屢變迁已後悔無边
六 甚 運際其亨無往不利
七
八 金鱗不是池中物一遇風雲化作龍
九 罷 波平風靜正好行舟
罣罩

一 崎嶇之路漫推車六轡停留馬足斜

二 廿二 享現成福任意逍遙

三 廿三 夫当入泮

四 廿四 運逢知命何期鏡破釵分

五 廿五 終日蹙眉頭愁懷誰解

六 廿六 家室安寧心安而意穩

七 廿七 夫当登科

八 卌三 履絲曳縞任意逍遙

九 卌三 辟雍成名

四十 廿 人在中途飄飄遇雨

鉄板神数

一　亖三　當依貢期

二　亖三　美景良辰君莫負及時行樂且安然

三　罒八匕　知己相遇足慰离愁

四　五十罒九　是非未有停財帛多破耗

五　亖三三　飽食煖衣無求之樂

六　亖三　夫當登科

七　濡々僅固得自如少年常似老來肘

八　罒亖三　瑞氣護蘭芳其年大吉

九　亖三　命照文星夫當入泮

罡頁卆　心慈好善諧諸善緣

一 芲 辟雍成名

二 罍 安常处順是納禎祥

三 蒫 少年依貢

四 奄 項王欲轉江東去誰想烏江不渡人

五 蒫 夫当入泮

六 兄弟二人秦楚不同盟

七 𡎺 科名之星独步文場

八 以藍而選経歴数由前定

九 五子原是金水火苔生土命是虛花

罡頁卆 存慈悲心獲修斉志

一 八九九十 風前之烛光搖不定
二 廿五六 夫登科甲
三 兄弟三人同父不同毋
四 三十四 萬紫千红照眼新
五 命有七子送老
六 朝耕夕織勤儉起家
七 廿五九 披麻𠂉情門庭閙乱
八 卌 春風得意利祿盈盈
九 亖 鼓盆之哥再見于斯
四十四是 廿七六 国李題名

一　六七　当貢之期
二　兄弟九人數有三貴
三　瘋病之灾宿年之咎
四　三子屬土與木金君生水年亦不育
五　十七　禍去还有灾暗雨渡暗天
六　六五　当貢之期
七　數有三妻
八　身処叔季倏然遵由之吉
九　數有六子三子送老
罡章　廿　月上欄杆半明半暗

一 生長朋門不愧曹族

二 罡 一段愁杯人莫識空留明月与人知

三 命当繁華一世安康

四 喆 結子离之花有根春風藹〻快人情

五 垩 夫入泮宮

六 花 運至时行諸事湊巧

七 卅 風捲浮雲中天月色

八

九 充 韶光新晃足暢所怀

罡亘十垚 蟬声断續送人以一去名踪莫計程

一 兄弟五人樂奏幾般音

二 青年琴絃斷兔央再会难

三 罒卜卄九 雪横秦嶺家何在雪擁藍關馬不前

四 芲 夫当登科

五 卒 愁难作解蒼茫入病不憐人次第攻

六 羃 日尽哥呼在高山流水足逍遙

七

八 共 趨吉避凶須知吉裡藏凶

九 共 其年納寵須知色重貪花

罝亭壺 八卦加一大数已矣

一　廿九　三十　国李標名

二　廿九　三十　言行不謹慎即有意外之危

三　火年木年生子三若生金年是虛花

四　廿七　廿八　洋洋自得旁若無人

五　廿六　廿二　騎馬挀秋漸且高勿想上高樓

六　四十　廿三　多福多祿斯年寿足

七

八　廿九　甲　一若求珠滄海上縱不虛求也是难

九　廿九　三十　当貢之期

星章

一 廿九三十 夫当入泮

二 三百五十六 避嫌思退不堕猜疑

三 卌三百四 扁舟一葉在江中頃刻溟々烟霞

四 七百七十 花開正当賞豈朔風雨又相催

五 四十九五十 知心相負暗地有戈矛

六 亘六 一百零六不食人間粟

七 以受道書君馨香長安城内姓名塲

八 卌 許進勿退々回得其盛

九 五十九 吉慶重來門庭納畐

罡 亘芊 虽有浮云不掩明月之光

一　姊妹三人先損其一

二　存心仁慈立志修齊

三　芘　緩步徐行畐自隨室中空信幾危灾

四　垩　鶡鵬展翼扶摇直上

五　卄九　夫登科第

六　奎　高下無求往來春秋

七　罕　鳥集高枝死煩啄食

八　磊　勇往直前却無阻隔

九　妻命屬金乘龙之年屬火

罡冥盅　辟雍成名

一

二　　甲午之年鄉科及第

三　三六五　寃愁紛紛抄擾不寍

四　　官至李院虽尊而未足

五　卅二　当依貢期

六　　以藍而選州同数由前定

七　六四　行正路有人間一局忽作南柯一梦

八　五八七　口舌交争晝夜不寍

九　六四　行至迷桥寿止

罡草　卅二　夫当入泮

一 罒八 風息雲收陽和日暖
二 官星相照身近外台天予
三 仁慈好善廣種畐田
四 卄八 行年人事斉春色草萋匕
五 丰乇 天哭催人有傷骨肉
六 姻緣前定必杰亲上加親
七 卒 春深莫恨无顏色最喜葵榴映日紅
八 三崇喪父義方之訓恨无人
九 丗 數誕星子
罡亭

一 六四三 幾点踈星炤南樓見太阳
二 八四三 快樂無边風月春光滿目前
三
四 丗 夫当登科
五 夫妻反目乖戾不和
六 以監而選知州数由前定
七
八 亩 莫道天常晴雲靜又生風
九 全 恩星相炤福自随入
內務順和深得归唱夫隨之义

一　削髮爲僧脫却當年之景

二　廿三四　辟雍成名

三　廿五六　时亨運濟无往不利

四　廿三四　当依貢期

五　棄正途而近貴自有前程

六　廿七八　東風送和氣花柳娟春輝

七　早歲沉淹中運通梅花只到雪奇中

八　五三四　中運经营室家飽煖

九

四三亘是

一　四五六　曲匕岡路通行人行人急匕赴春風

二　五七八　危轉爲安禍消爲福

三　十三　嫩柳不禁三月雨奇花曾耐社前霜

四　六四三　搔首問青天人事得週全

五　十四三　夫当入泮

六　十六五　憂已消除得來凑巧

七　十四三　一輪桒皎月数朶黑云遮

八　五六七　五馬翩匕人羨陌春有脚

九　十四三　夫登科第

四百三十五六七　刀任四府轉身部属

一 卌五六 名列辟雍

二 卌三 出門圖話計活計水中生

三 廿九 一步高來一步低高低之處有憂疑

四 廿二 六合多相得春風到處青

五 雖然未遂青雲志只圖事業作富翁

六 卌五六 數載科場未遂一沐鄉存即騰身

七 六七八 求則得之頗遂其志

八 六七八 其安其順樂境相忘

九 卌三四 門庭寂寞轉與隆南北東西處皆同

卌四十 卌卅九 不利而利無往不利

一　　　親戚無緣朋友勝似親
二　卌六七　欢娯度渡年萬事乃合
三
四　十三五　謝却人間事常納禎祥畱
五　大三二　所遇老境憂中擾病
六　　　夆入終身一生樂事
七　　　父不父子不子中間有個不完妻
八　五三二　禎祥疊見無日不從容
九　　　長安市上姓名香
罒亖卄五五六五　鄉科獨步

一 六廿五 夫当入泮

二 四三 財帛漫然求覓然不用憂

三 水年尅夫木年再娶火命方合此刻

四 假如三場客原是令人作故人

五 八毛 洋江之水伏龙蛇家室康寍財录多

六 三乖 超昇重任叅知政事

七 四三三 花間酌酒邀明月石上題詩𢘆录昔

八 六廿五 夫登科第

九 四三三 事ヒ强扶持酩酊醉月在他鄉

罡䨻

一 壱 一点螢灯焰路來循匕而走問行藏

二 花 辟雍成名

三 罡 鳥音助人之樂好音

四 花 労心労力苦奔馳究竟奔馳問和虛

五 花 当貢之期

六 蠢 鼠棲樑上須負其耗

七 花 夫入泮宮

八 三二 機会得來事偶然童年入泮足称珍

九 罡 進取無功不若退守爲高

罡亘卒 花 夫当入泮

一 六七 日沉西墜雲又暗長夜迢迢無處光

二 六五 芳草遍郊原喜氣上眉端

三 兄弟九人數有七貴

四 虫声四壁凄涼之狀

五 逢兎年而成名宮牆穩步

六 六五 其年喪門焆命当有哭泣之哀

七 前妻生木火之子後妻生土木之兒

八 七 解神有情災害消除吉慶

九 宮至提督全家食祿

四三五六四 蹉跎崇月一過坦夷

一 𢀳 不当進步且盤桓事到之中欠隹欢
二 廾 一入院門空物色悠匕美景寘无边
三 𦭽 鳥集邱鄙浔其所止
四 𠱠 乖違不済步履錯趾
三 㗊 滿目韶光观不尽一旦无常作故人
六 𦬚 酣梦刀醒神清気爽
七 妻命属金方合此卦
八 𡘝 暖風融匕朝笙夕簧
九 㑹 東风律轉好年華次第開时有好花
罡亘 兄弟决无双安享荣華出身微昔

一　罡　問舍求田家業亟隆

二　数有一子淂以送老

三　一夫一夫又一夫命裏犯刑孤

四　罒十九　辟雍成名

五　三十　劳心劳力総成西餅

六　六三　喜気洋ヒ憃又两全

七　兄弟十八数有五貫

八　熙ヒ人物不啻粱灝之壮杯

九　六七　有子不相合各自營生計

罒三平廿　祥光掩映西堂明錦繡鋪張物色新

一 艽 黃鶯出谷載遷喬木

二 丙子之年秋闈得意

三 兲 謀之事〻非相助強扶持

四 四十廿九 當貴之期

五 十二 人生春風中樂意融〻

六 莗 夫入泮宮

七 三五 順水行舟又遇順風相送

八 好德兼好善修身又修齊

九 十六五 紅燭熖西喜氣甚非常常

罡皋 丟 事業守其常進退幾無變

一 兂 桃李笑春風扶蘇綠蔭濃

二 卄九卌 夫登金榜旦之幸也

三 六廿五 位轉有司事宜斟酌

四 十七四 綉花開処錦裝成熖耀華堂物色新

五 六十八 画棟雕樑春日遲主人哥酒有相知

六 傲物氣高不忮不求

七 卌 数訣生子

八 廿 得晴亲駕馭左右相周旋

九 卄 春風有佳信長安十里杏花香

囂

一 辟雍成名恩叨一命之貴

二 罜 圖利又圖名利就名亦成

三 祖業消耗另創家園

四 恩星相照八座之荣

五 罷 恩星照命当貢之期

六 罜 再任鹽道

七 丗 色心难滋竟立偏房

八 罜 当貢之期

九 直假七子三子送老

罯亭罜 夫当入泮

一 二七八 恩星相照管职高陞

二 四三二 夫当科甲

三 三十九 过却迷津任坦村庄到処有招尋

四 已酉之年鄉科及第

五 又陞知府

六 五八十 雪遍琼瑤白玉楼台十丈高

七 二六七八 经餘軽爐一炉香

八 允矣

九 允矣金玉之君子昭哉社稷之良臣

四二四百十 入公門可以謀衣食不亦樂乎

一　四九五十　生涯無可休春去又復秋

二　六十五五　当貢之期

三　四四三　不入泮宮定爲辟雍

四　十一十二　蒼蠅點破無瑕玉不費錢財也費心

五　四四三　当貢之期

六　三十六　奔走艱辛總是虗從朝至夕却支持

七　四四三　夫当入泮

八　三十　枯楊生花之象

九　刀授知縣

罍卅卅　揣守偏有餘事々隆々通

一　四四三　夫登科甲

二　六千五百五十　夫入泮宫

三　三千　春風鳥声賞心樂事

四　不詩書可問名名少遊国子列諸生

五　金士之年入泮方合此刻

六　妻命属火方合此卦

七　此刻生人父先亡于金年

八　二千三百　子当辟雍

九　数有九子造老难齐

四四二百

一　四四六五　国亭標名

二　八十四三　一経生月照羽化便登仙

三　十十三五　数該生子

四　三七四三　大舟行浅水多費推移力

五　四四六五　当依貢期

六　六三六五　夫当登科老來之榮

七　七三六五　破財不吉老來之咎

八　三三六五　焚香不理凡間事一点禪心自秘藏

九　七三五　安樂度流年暗裏禎祥轉

四四四四六五　夫当入泮

一 罡五六 灯花結蕊喜事頻來

二 罕 迷雲渺匕归何処遺貽物業高陽人

三 命帶閻王關解破得安然

四 卄三四 一樽美酒送行人竟往幽鄉作故人

五 罡三六 官至守備不能高擢

六 三三四 夫登科用

七 卄七 有衣有食堪艮祿無事無求樂安然

八 卄八 时有可為及时猛進

九 四九 運至时行無往不利

四四平 四道通達可喜可樂

一　四四四三　世事猶如春夢浮生倏忽以尽

二　金六五　無窮春色老收拾笑顏

三　圭三　顛沛有災官非又來

四　千一　運未亨通履之皆錯

五　丟三　太平無事無征伐臣民共樂大有年

六　𦬇　人事安然門庭吉慶

七　共　行門到水處指日見波濤

八　一生行善必行旌奬之榮

九　四四六七　紫氣洋洋恩至超遷

四四三三　三三四三　運至高強圖謀順利

一　四七六　辟雍成名
二　三十　花蕊刀紅不榮而自樂
三　四三　春風滿目哥酒徜徉
四　八十　俯仰無虞安然快樂
五　三十二　吉星解救災星未殃
六　送老二子花開到樹
七　跛其一足前生所足
八　廿九　虽有浮雲掩月光俄然風捲雲收藏
九　四十　徒弟三人往以送老

四四百八十

一　三千　安樂無外，常享平安之福

二　北堂萱草得長年，風折春枝定在先

三　卅　一梦任西飄，去不返

四　六百四十　恩星相炤，当依貴期

五　六百三十　玉兔催人投宿，处金雞喚客來行粧

六　三　曲径惟車，進退兩难

七　六百五十　家室康寧，門庭吉慶

八　廿六　少年登科第，秋闈得意回

九　四十　生子之年

四百九十　曾為人謀，圖之自立

一　　壬午之年鄉科及第

二　　真假二子淂以送老

三 六八七 入坐春風中名花錦綉叢

四 四六七 夫入泮宮

五 三二十 愛霜欺嫩草幸喜有根存

六 三四四 莫咲馮唐多晚景还期老運享榮華

七 四三 生計得優悠朝夕享安舒

八 共 名著當時文章超達

九 三四三 静守空門業間棲文室間

四五見 文昌照命耀陞御史

一 四七八 夫当登科
二 命帶天吊関鮮救自安然
三 五七八 无灾又无祸其年大吉昌
四 敏而好学有質有文
五 官至祭酒解組林下
六 以非路而曲史数由前定
七 七四三 際遇相逢喜事來无边晚景任徘徊
八 三三三 天意拂人心問利総无憑
九 五四七 国学標名
墨草 五七六 一年又一年无日不蹁跹

一　兂　地边楊柳春日舞風
二　　　兄弟六八数有五貫
三　亖　庭前芳草春日融々
四　共　半夜風息扁舟穩渡
五　喆　熙々穰々安康低足
六　罡　畐從意外東西南北任徘徊
七　罡　客渡江山易指日滿載还
八　亢　数該生子
九　罡　一池荷花亭々直上
罣　卌三　夆头刀見太阳昇左右求謀事々成

一　四九五十　数年立志難留下一頁成名得顯名

二　九三六　老運康寧富自安然

三　十五六　心意安于家室克享老成之福

四　命犯落井開解破得安然

五　四十三　風捲浮雲日現中天

六　六十五　整頓琴声不負良晨美景

七　四十三　入山樵薫引得地又得时

八　十四四　人事乞求風順水流

九　六十　一水又二山高低步步难

十　卅　名花得雨生春色滿目紅顏入西堂

一 四三四 阴雨連宵至眉头交蹙未開顔
二 五十三 子当辟雍
三 六十五 意外之財不求而自來
四 慷既热心腸為人无鄙吝
五 真假四子三子送老
六 父死于水年母死于火年方合此卦
七 三六五 村〻遍佈绿楊阴緑楊阴処可消停
八 五十二 天惠相扶家門吉慶
九 六五三 葉茉林晦緣花落地生香
四五五 五千四九 夫当入泮

一　芳合如緣數田前定
二　虎豹惡星臨于里迢匕作充軍
三　罡　數該生子
四　命帶短命閑解破得安然
五　命入文昌有孝坐之分
六　曲徑山蹊引入桃源之景
七　罒巴　安步至前途不必費躊躇
八　亠八七　不特無災相慶壽增
九　兄弟十人數有四貴
罡臯苎　江头昨夜报潮生兩岸鎖烟水自平

一 兕五十 夫登黃甲坤人之幸
二 安其常分守其成富猶訪有不虞之患
三 卄六五 流年欠順急嚼楊枝
四 卄卄六五 樂意忘憂其誓也突
五 卄卄卄 樂意從容善能知足
六 凮雨凄匕正愁人窗前寂寞有誰知
七 卄卄六五 有子能逝可以忘憂
八 卄卄凵凵 子当辟雍
九 三卆 三輔之岷頌洪麻歷一兩之麻哥大歆
四五百六十 身入玄門玄法相亲

一 五三 辟雍成名

二 数中不幸子当死于非命

三 五三二 科場未得遂一貢成名

四 五三一 風雨無憑梨花乱舞

五 四四三 前山一堂樹木烟濃

六 五三三 内無乖戾気外有愷悌風

七 五三一 夫入泮宮

八 出于幽谷迁于乔木

九 其人之亡定在九月

四五四九 枯木再荣全伏東風力

一　五二　夫登科甲

二　黃甲傳宣救当卯辰報新捷

三　四八七　子貴官貴流年之慶

四　妻命屬木方合

五　四四三　衣祿豐盈內外清平

六　五六五　見機而進不招恥辱之非

七　廿四三　茂勛著于社稷聲名震于華夷

八　五九八　緩舒鶯羽翼輕舉蝶精神

九　六五五　風捲荷珠圓之復碎

四五四十　雖不能登庠序不得列辟雍

一 丟 風拂禪灯流年晦滯

二 毛 子当辟雍

三 垂 威仪鄭重德厚流芳

四 毳 雷声虽大全無雨放下心腸且自寬

五 兄弟二人志向不同

六 罡 圖謀湊合財帛勃癹

七 垩 三更刺漏夜未安子規啼血断人杯

八 毳 事々可求々之必淂

九 丗 理應生子

罜亮亨五三四 依貢之期

一　廿五六　黃鳥遷喬木巧舌如笙簧

二　夫入泮宮

三　五十五六　寂寞看更長踈星送太阳

四　四十七八　烽風拂匕來正当十月天

五　十三四　吉曜相熖碎又復圓

六　廿七八　花開正当賞不覓風雨重來

七　五十三四　夫登科甲

八　命帶雷公打腦閑數云解救淂

九　五十三四　撥雲徐行步匕尋通

四十六覓　廿五六　無是無非隨緣度日

一 三三六五 岼殽成名

二 三三六五 夫入泮宮

三 三五三三 事業隆匕門庭喜气濃

四 三七 羊腸路上幾盈恒一轉危坡任坦夷

五

六 三五二 運至时行謀事順利

七 三七 淹匕恨有事東風飄匕寒

八 刀任把䌸郤有变幻

九 三二一 官戢高擢進階八座之尊

四百十 三五三六 当依貢期

一 七十九 八十 坐安車以馳驅当有險処

二 四十八 六十七 昔年

三 九十九 家室不寍流年之咎

四 五十六 六十五 作事多反覆行之未遇时

五 四十六 走过前途好息肩绿明深處滑週旋

六 三十一 好花將開清風徐來

七 四十八 六十 得百姓無咎共樂太平曲

八 運行南方地功名成就时

九 三十六 憂喜相逢愁顏变咲容

十 四十 未遇其时莫吊有爲

一　五五三六　夫當登科晚年之富
二　三七八　職司高爵事宜斟酌
三　三四三　瑞気隆匕門庭喜慶
四　三七八　辟雍成名
五　此剋生人必刑妻
六　官至春坊不能拜相
七　四五六　命拱權星職司通政
八　月缺而易圓鏡已破而難合
九　身帶疾厄関解禱得身安
四六三二七　当依貢期

一 廿五 竟夢黃粱惜乎痛哉

二 廿七 生計庸常竟然有度

三 三六七 六陰停極消長不一

四 三八七 身心舒泰畐祿駢臻

五 廿九 四十 運至高強圖謀異常滑意

六 丁卯之年鄉科及第

七 二八七 財帛隨人來圖謀必週全

八 三八七 夫当入泮

九 廿八 救当如此尽

四三四四四五四六 財帛逐月進物色更從新

一　七七　新绿枝跡可問禅

二　五七八　夫登科第

三　半作生涯半作田一生衣祿靠心堅

四　廿　数誤生子

五　五九 六十　夫当入泮

六　六三　滿園花発盛事業称人怀

七　毋先故于本年父先故于十一年方合此卦

八　两妻生双子双喜臨門

九　一枯一栄二子送老

四六 五十 五九 六十　夫登科甲

一 艽 罕 洛阳花似錦清風送好音

二 垄 朝哥夕樂克享成畐

三 垄 数訣生子

四 妻命属火

五 罢 春風依旧到江城又見江城錦綉紋

六 慕藺頗李牧之風孝孫武穰苴之術

七 琼林之宴掄元之戢

八 卒 弄 当依貢期

九 譲淂前头一人口杏花千里馬蹄輕

罢頁仐十三 四 事匕添花錦荣華自可誇

一 衣砵一身
二 十七八 衣砵一身閑四时塵不染
三 四十三 流年順遂謀事有功
四 五十八 朝起遇順風隨时帆掛到江東
五 儉約守之犹患不足过而不改其能有乎
六 十六五 和気洋溢家室吉慶
七 十九六 朝淹夕霞轉眼見淹留
八 五三四 只宜守己不可妄爲
九 丗一 日匕笑顏開財通昌自來
罢草 此刻生人必刑夫

一 卒三 夫当入泮

二 廿三 一梦归西而别明台

三 𠀤四 家室安樂事ヒ更新

四 廿五六 謀事有喜意年來迴不同

五 卒三 夫登科甲

六 卌廿九 水順水之行舟瞬息千里

七 四十三 喜事順祥天意來阴阳和合百花同

八 五百六 稳足妘求往來春秋

九 卒四三 夫当入泮

卌算 卒四三 当依贊期

一　　春寒秋热光景多
二
三　垩　巧名巧利不逢而自逢
四
五　罡　行到桃源流水処绿楊影裡任君眠
六　圭　合巹杯中浮绿蟻玉欄杆上醉春風
七　　塵埃塵鏡台毋先赴瑤池
八　禁　新月掛松梢清風送好音
九　　早祟平安将來大姤
罡覓卆坓　春到自然花爛熳花來隨処月光輝

一　花　春風依旧到阳城処々花開錦綉明

二　艽　退險而夷逢凶化吉

三

四　芒　皓月正当空清光自不同

五　囊橐中宜檢点

六　罡　金枝

七　花　金枝毓秀宝樹生春

八　仝　无事无求安樂業

九　事業不専進三退四

四十　問利三旬之外取之左右逢源

一　　小々無家自富微々立業有成
二　艽　別却阳兒長往西山去
三　　一生無患処底自安然
四　芑　美貌佳人难共老琵琶撥出断腸声
五　　午照文昌領得青衿換布衣
六　罡五　家無擔石之儲忽起万金之富
七　圭　登山有路可拾級而上
八　仚三四　蒼松古栢难免根枯
九　　身居翰苑紫微宿
罜亘十十三　一陣暖風消除寒氣

一　三十　荷花上水風來飄動不相宜
二　岂然未遂青雲志姓字終沾雨露沵
三　盖　珠沉滄海鏡破釵分
四　直假三子二子送老
五　岂然未遂青雲志終須国李列諸生
六　六　二九之年喪毋先天定数
七　盍　数該生子
八　仐冼　晚年暮景盃空凭独之憂
九　浔上貴之大挈可力圖其大用
罡卓　得內室而助家隆々興起

一 奎 風雨溟濛楊柳失色

二 弄 子当辟雍

三 問文𢘫爲問武有餘

四 丗 揺曳輕風不劳力而自在

五 器 管絃哥裡度春風兆姓欢呼樂意濃

六 擢星相炤非科即道

七 弄 子当辟雍

八 𢆡 年近五旬誥命相贈

九 器 氣象峥嵘門庭赫奕

四十二 卅 不劳心力謀事克濟

一　成家多歡掌並許無息肩

二　哭　琴瑟調和一絃忽斷

三　芒　景態無边一一收春山秋水醉高楼

四　晚景融匕目乍笙哥

五　不須卜甲子甲子有餘零

六　廿三　少樂多憂常処不足

七　壬　困干蒺藜不見其妻

八　卌三　披麻相炤孝服臨身

九　五九六十　七八年末有小晦九十之時日巳晴

罡皁　行人休息绿阴中前去桃花処匕同

一
二 廿九 四十 財多堆積事多相得
三 其人數尽定在十月
四 艽 春到自然花爛熳秋來隨処月光輝
五 至 操舟遇風江心顛倒
六 父母全死千水年及火年方合
七 茁 事匕添花錦荣華自可誇
八 門中尨虎閣上麒麟
九 運至北方地功名重于时
罡覃共 辛卯之年鄉科及第

一　芲八七　蘭苦無事正可談経

二　世　大道推車坦然進步

三　卒三　怀抱安舒際遇相安

四　僉六五　大限已尽

五　全三　晚景更高强東籬黄菊自生香

六　再陞懸丞

七　壽四三　随取随足老運安康

八　奎三　年年景色不相同欢笑声中樂意濃

九　卌三　際会榮景自寅天之晶

四壹萬千卒　子当辟雍

一　　正副佳人欢娱老景
二　　試問寿元何日尽九旬已上有餘年
三　四三　光景大非前日内外總安然
四　十六　天喜照臨宜尒室家
五　五二一　往來康莊洋匕自得
六　廿四三　危归大海虎入深山得其所哉
七　廿九　一園日永室自生香
八　卌
九　五八　數訣生子
　　妻生命房水
罩　廿九甲　純亦不已洋匕發育万物

一　二　三　四　五　六　七　八　九

廿四三　亭芳年衽席之安釋上方焦勞之苦
刀任還庶吉翰林声價值千金
文星聰命屢現便成名
十四三　其中疾病相纏神祐得安全
十五　金菊開中秋色老繁華洞尽世間花
六四三　迷場不可入易散而难聚
十四三　走到羊腸得人指引
六五　賞花茂発誰知今日孝服來

四千七百八十

一 圭 三更滿天散收星便見東方日已明

二 五十四九 間事每相侵晨昏未淂寢

三 其中有刑尅俱是死天數

四 五三 子当辟雍

五 十六 到底方主總安虛幾度凄凉兩又濛

六 卌三 散步垂山去山奇水又奇

七 圭 年值六尺破耗其財

八 六十五 登樓未有梯舉步有徘徊

九 刀任守備

四十三九十四十四三 爽気生秋色煩囂頓觧除

一 六花七 風雨淒淒桃紅柳綠藏精神

二 卡 數該生子

三 破耗渾如湯潑雪

四 六莊五 仕途变幻官訟交加

五 十耗九 洗淨菱花暗鎖烟翳忽光景倍光明

六 五壽三四 芙蓉秋菊晚景生春

七 六嵳五 思難图易事乃克濟

八 莫恨妻兒無緣分命中惟帶一坎神

九 但遇東方逆功名垂于时

罢會覺罢三四 相逢可可言日日咲顏開

一　筧是無非安閒祟月
二　亖　春入三阳万物荣昌
三　𡗗　
四　拔貢終身以結一生之局
五　丗　回也之寿君亦如之
六　罜　人度峽山又費掙持之力
七　乇　年少登科
八　于　路逢曲径人心迷視日便知東与西
九　至　舟行浅滩午潮正落
罕會千　莊六　时運未逼事多反覆

一　卆　月恵星臨門庭前喜氣新

二　十六　漸匕賭易破中輸難勝

三

四　十三　謀事多反覆大運未遇时

五　　　水土之年納八品方合此剌

六　　　孝純而粹気大而剛

七　廿三四　謀事皆通不劳心力也成功

八　廿八　山桥曲轉革故鼎新路是阻

九　十三四　中天物色照耀光華

四百十咒　寿止于此矣

一 丟 出水荷花亭亭直上

二 𢀖 其人之亡定在十一月

三 財帛破盜耗無奈天数定

四 財帛福轃暗中來坦然問樂咲顏開

五 丗 好花正当賞豈期夜雨又風吹

六 罜

七 乇 草色凄凄東風吹綠衣

八 干 姻緣長短皆前定月缺花殘数不饒

九 垩

罒合干 𠀆六五 当入泮宮

一　夫当登甲

二　卆　多事獲平安

三　共

四　辛　全憑筋骨力愽取一生財

五　紹忠孝爲傳家之宝幹謀謨建国之心

六　喜気上眉端其年事々安

七　吾　白髮遮黃耇銀鬢襯紫袍

八　卄　財散因好博此地不可樂

九　𠄡　數尽于此

罕會享　罡　夫当入泮

一　廿九三十　運已從人不妨猛圖而造事

二　十二　韶光荏苒易長生

三　十六　財帛定有耗預知免一半

四

五　廿三　阳和春景堪人怀花酒滿園次第開

六　兄弟三人折了一個

七　廿八　帆掛遇順風瞬息千里

八　十六　未知衰顔道不勝又輸人

九　廿四　新竹成竿凌空而上

四十　二十十九　文星炤命当入泮宮

一　三五三六　此日多浔成貴人指引喜盈々

二　四五四六　流年容易度相扶樂平安

三　廿九　曲路推車進退兩难

四　依貢終身以結一生之局

五　本藝挐成归発達半爲生理半爲田

六　六十三　喜氣盈々家室安富

七　十九二十　鄉榜題名

八　六三六四　風急捲波涛扁舟已近岸

九　但行西方運名就利亦成

四八 [illegible]

一

二 廿九 三十 名登金榜

三 以監而選州同數由前定

四 七十 六 犬生兩口白雲染羅巾

五 卌三 四十 風憲行台乃得意之时

六 七十 六 慎固封守以康四海

七 七十 六 名登金榜

八 十五 六 樂事從容日匕咲容

九 十五 六 刀年登科

四百十 卅九 四十 禍生意外豈知意外不成空

一　卅九　四十
伏尔辛勤力依人小利財
二
勃然而與家庭有慶
三　十九
財帛破耗留之不住
四　廿二
不煖不寒平和景色
五　四十二
楼头砧杵已𠀋声滴漏壺中曙色明
六
癸酉之年鄉科及第
七
貪殖通民利資財日發與
八　六十三
九苞瑞気鳳五色麒麟祥
九　三十二
暖日融匕流光迅速

一 十一 春風佈暖和気称人怀

二 十九 消匕慎匕入幽塲貨財耗去悔时遲

三 卅 財退如潮去神亦不能留

四 棄去功名志朝夕作閑人

五 癸酉之年鄉科及第

六 發財憑坐斷貨殖自生輝

七

八 五四三 听秋哥于載路嘉皁異于九重

九 未出胎而亡父抱天之恨

四千六百八十二 恩星相炤閨門畐自随

一 爲人深怀若虛修养已到

二 丁酉之年鹿鳴宴飲

三 招牌原寫公平字直銕交轉便生心

四 二十 財在吾身何等穩鬼催人賭散如何

五 三十六五 王事靡盬不遑將父

六 三十四三 財帛勃發天意從人

七 四十六五 大順小逆順逆不一

八 財星居官祿主納粟成名

九 六十五 散財無常如浮雲之遇風

四九是五十 數尽于此

一 五三 朝夕費躊躇徒劳亦空虛

二 三三 时適財散有口不能言

三 去 数訣生子

四 六六五 推車周旋轉々如意

五 落々市廛中经营恨未通

六 八七 举步皆得意求謀事々通

七 四六五 雨足郊原草木蘭芽尽展

八 三七 融々三月景萋々百草芳

九 四八 巨船出大海布帆多盖掛西風

四九百十 三十一 塲中散白璧皆因心上貪

一　卅七八　行舟遇風妄往不利

二　卅五六　沉滞不解兩眉强舒

三　廿一　騰々散財何耗之速也

四　卅九　四十　年華始尽大数已終

五　卅七八　位居稳地可去妄咎

六　市塵微利好但恨富难成

七　四十三　月出南楼光明普照

八　怀断々休々之慶位巍々蕩々之朝

九　卅七八　錦綉叢中立事樂融々

四千五百　卅九　四十　寢膭夢刀醒枝头听鳥鳴

一	廿三	莫道世玄神輸钱皆是鬼
二		尋常同一様不必别姻緣
三		手藝惟精熟人求晶自生
四		淑人君子其悳不渝
五	卅二	如鳥之傷翼不能遠夆
六	卌五	甘雨和風三月天游人樂玄边
七	三七	未知爲人紅雨紫但安平淡度刀年
八		
九		数有五子三子送老
罢置三八全三		月至刀弦其光半掩

一　圭　一堆金帛艮場中一半入人手

二　罒三　否轉爲泰事更新殘冬去後有阳春

三　奎　流年惡星熖破我許多財

四　卋四　朋月正当空湾々曲々轉西東

五　卋五　到处是通衢祥光映紫微

六　罒五　花落又花開春風次第來

七　卅　莫惱繁華不到年但安蹤逍後來栄

八　奎　退財只爲想人財

九　丟四　風緊遇波々浪幾番愁

罒五　卄五九　情怀開展繁華擢目

一 五六 十事謀來九事空年年踪跡若飄蓬

二 六七八 官事相探所爲有咎

三 万里晴空光明大道

四 五九六十 双親辞世在何年他日哀哉母爲年

五 三六 数該生子

六 数定有灾逼神祐度流年

七 三六 謀爲順遂万事呈祥

八 廿七八 高樓擢兩可進退而審

九 四五六 原是恨不可所以退此財

四九之二十 廿九 四十 必好事而顧家終朝克復

一 廿七八 一灣春水溶匕去窮活計

二 二百四 天上博星臨試賭散黃金

三 廿五六 燕鳥于飛補用巢而堪宿

四 三百三 欲東而欲西心中多少事

五 四三 日月刀光華宇宙豈家邑新

六 三百五 淂失皆前定已失不須恨

七 三百五 妄想他人財自己反成破

八 四七八 五[illegible]荆山未淂圭璋之選

九 四十卅九 泉清松影瘦月白李花香

十 四九百十 讀書豈有分白髮始逢昇

一 五八 舟車以备登山陟水総安恭
二 六七五 好将善訣傳兒輩樂我清閒一片心
三 飲酒茹葷無我分数中注定一道人
四 六十五九 小往大來哥樂覌中宣和之樂
五 三六 破耗忽生数所定也
六 超昇部扃会轉京堂
七 三六 陰阳顛倒財在迷塲散
八 八廿七 極目千紅萬紫四落三零
九 四六五 行到桃源流水処緑楊影裡任君眠
四九章 四十卄九 劳而有功能事克済

一 罡六五 富家有基業不必費躊躇
二
三 乍充九 花春将尽南枝鳥倦啼
四 芒 破耗二字
五 父故于本年方合
六 罡二 文章入泮
七 芒 傳緑呼紅不是好定之数輸了始徬徨
八 六苦 鳥呼樹枝上乘財樂意來
九
罤賈千罒罒 韶光明媚物色文章

一

二 華蓋相逢刑剋重數定披头去修行

三 五六 物色逢春至桃源正及时

四 財帛自然運行天湊合

五 四廿三 莫因微缺恨祇作未圓香

六 六十六五 安樂無驚人情舒暢听鐘声

七

八 罒 文明之象时当有為

九 丗 骨肉相刑西風淚洒

罒九頁十 妻妾子衆神仙難斷子仪之命世上罕有

一　四三　出家除俗累解脫入空門

二　官至兵部以樂終身

三　六十五　天祐吉人樂事有功

四　刀年行事實難為逆水行舟又遇風

五　八十七　財帛勃發謀事湊合

六　四十三　村七花柳到處歡呼

七　四十四　利物和平之象

八　四十二　恩星相照閨中自隨

九　六十五　重々如開鎖進退不得意

五三疋

一　兄弟九人数有二貴

二　欲借楊枝水凡塵不染心

三　由翰林而拜相老來衣錦还香

四　其年灾晦纏身有犯太祟

五　坴　事既淂而復失暮秋色更朦朧

六　𦓇　水中月色可玩而不可押計多無成

七　芏　積悳数注全兄弟慶仝年

八　旱草焦枯俄然雨復甦

九　庵　力能創業耐艰辛不是委靡不振人

辛〇二

一 六十有三君棄世红塵從此不沾中

二 卅九 四十 一日吉再日昌

三 四七 八 如日之昇如月之恒

四 兄弟十人数有六貴

五 公平正直力担兩家重任

六 卒 人事有不足日月有盈虧

七 有子岂先折賴孫而送終

八 四九 五十 如川之方至可保平安

九 数有二子一子送老

五千○廿 徒弟六人一人送老

一 卄六五 金凨一起枝头動欲渡清溪欠便舟
二 周道坦々進可安車
三 卄三 阳菊生秋色無日不悠々
四 五三六 寒山秋浦月腸断杜鵑声
五 官至巡按而致仕
六 卄二 前伐獗狁以奏膚功
七 四卅三 日進無疆向时偕行
八 三四十 無語对芳樽安非腸断到黄昏
九 三八五 座中無物不清凉别是人間洞府香
亖十 三八六 長江欲避凨波一水牽愁万里長

一　廾九　片时难娱且相親明暗阴晴无定憑

二　罒三四　暗中昷人庇终始浮安康

三　罒三五六　事有成局利录徒心

四　廿三　百尺竿头堪進步君能輾轉莫遲回

五　罒六八　一日平再曰安

六　艹五六　三阳方始泰君子道亨通

七　　数有三子一子送老

八　罒三　泰利順貞君家攸行

九　罒四三　安居不危凡事順遂

十　亖三　昷亨安然事无阻碍

一 卄六 無憂無求終日悠悠

二 卅九 四十 門外声喚悠悠垂簾之高

三 卅二 雲開日出自光輝進步前程有渡舟

四 坐 时有可爲乘机敏達

五 富彩日新位至品卿

六 共 一家和氣運興隆謀事多成財自豐

七 罡 君子日更新相逢大吉人

八 蠢 肥馬輕裘少年行樂

九 毳 浪平風静正好行舟

十 吾辛 赤 享平安之福絕門之禍

一　六七　如飮醇醪其味深厚

二　四四三　三边提督將相威權

三　四六三　進退咸宜東西有浔

四　卅一　恵瀾于身妄往不吉

五　四六七　優游間崇月下賞落花哉

六　六五　乘駒千里行風帆指顧中

七　利有攸往昔願如今

八　四三　鑿井未浔泉棄之而廢力

九　四四三　終朝咲傲南窗下自是羲皇上古人

五十甲　五五三　宜享目前勗莫慮日後憂

一 誩 亨其壽富自在逍遙

二 嚞 有弓無箭欲射不能

三 聶 淡中有深味不與別人同

四 罡 龙劍出塵射斗牛財源輻輳利亨通

五 㚒 人有壽富前生定不必遲疑自在行

六 丗 君子受福其旋元吉

七 蠢 俾而富昌且大

八 苙 君子日更新相逢大吉人

九 四十九 五十 衣祿豐盈室家安寧

五百 䒭 滿目韶光觀不盡一旦無常作故人

一	[illegible]	終日経營吉利相淽
二	[illegible]	心間身樂宜室宜家
三	[illegible]	独守孤灯心步月
四	[illegible]	鳳凰來仪禎祥之兆
五	[illegible]	皇道蕩蕩君子貞吉
六	[illegible]	不爲世所累享平安之福
七		萱花先萎椿樹後折
八	[illegible]	菉竹猗猗清風明月
九	[illegible]	視履考祥其旋元吉
[illegible]	[illegible]	際遇亨通所謀皆遂

一　十九　二十　荷花生水停匕直上
二　五三　五二　東処浔來西処失浔失不一
三　五五　五六　涙欲尺时人难語情閑肯附恨如何
四　官至將軍禄位高光前裕後顯富豪
五　五五　五六　原來作事費心机还是君家運未齐
六　七十七　忽然而貴忽然賎運有高低月缺員
七　五十九　六十　欲作表心畄清晨一炷香
八　四十一　鳩一声鵲一声鳩鵲兩嘆好傷情
九　母先故千金年父生年房水方合
五十　五十七　三子送老一枝挺秀

辰集

一　卄六五　大人豹変有文人之炳

二　数有四子一子送老

三　三五六五　忽聞鵲噪两三声匕裡藏凶未有

四　六花　既往蹉跎將來順利

五　三五六五　魚游涸泽但望时雨而昇阳

六　六六　浔畐且畐莫爲見孫劳碌

七　六六　何时方可浔見非無是也無非

八　東風刀送暖春草绿生光

九　数有五子一子送老

壼是　兄弟九人数有六貴

一 四八七 惠廸吉溢逆凶

二 五九六十 波浪且高孤舟繫得牢

三 四八七 人事從容家門廸吉

四 数有六子一子送老

五 官至都統威權重數已注定

六 五四八七 亭午日光文明之象

七 兄弟八人数有七貴

八 黼黻文章温良得度

九 五四三 蘭亭修禊集高矣醉酒尋花真樂焉

十 五四三廿 指揮如意待時亨万物峥嵘畐自隨

一　十六五　借問一生身外事遇虎之年是归期

二　四三　乏畐亦乏灾安身畐自來

三　廿一　蘼乏秋色一阳刀動便生芽

四　四十三　門庭任徙容花鳥禽魚曲檻中

五　幸机会之相徙安康惟兆

六　数有七子一子送老

七

八　火年金年兩剋夫金年三配房羊鼠

九　数有八子一子送老

三三十　妻配馬命庶免其刑

一 [illegible] 拾得瓊花第一枝長安城裡馬嘶嘲

二 [illegible] 不幸喪厥親人子莫大刑

三 [illegible] 光景氣滔滔好過旧时

四 旺夫益子衣祿豐盈

五 [illegible] 人唄奚閑津江寂寂斷行人

六 [illegible] 狡兎投林災晦相侵

七 [illegible] 幼年入泮人生大幸

八 [illegible] 孝礼孝詩之訓而今亡矣

九 [illegible] 事未可料当因禍而得畐

[illegible] 天哭催人刑剋老母

一　官至總河而致仕
二　數有九子一子送老
三　五三四三　朝歡暮樂及哥詩鼓舞春風又及時
四　四八　此年喪母三年泣血
五　六五六五　計功圖利得失相兼
六　廿九三十　時運稱人懷順福自來
七　五三六五　化月舒長人民樂意
八　數有十子一送老
九　五三六五　民安物阜咸頌均平千絜矩

五三四皁

一　三千三　老年喪母三年泣血
二　二千七百八　吉利相從育氣魚躍
三　一千　大水枝跡種有年疾風莫相催
四　徒弟四人得以送老
五　二千三百四　年是年非安閒歲月
六　務本生意積厚富而悠悠
七　二千四　遠務近為事事成及時猛進
八　命與伯道相同猶子送終天注定
九　二千六　入戶春風送和氣
三千五百二十　二千九十　一舉成名天降麟兒

一 罣 北堂一夜却秋霜萱草离披憂未忘
二 𦬆 上高樓而顧後迯恐失其足
三
四 𦭷 財聚成家從此立業
五 𡈼 牛背有金珠春風偏草廬
六 𠕄 冷落离披雨中桃李
七 埀 強把愁怀変咲容心中煩悶不堪言
八 一妻一妻又一妻四度見佳期
九 𦓐 炎気薰人面樓背匕谷風生
𡍮

一　　数有三子二子送老

二　　若問椿萱何日萎他母先赴赴瑤池

三　三十五六　蹇馬淊埿沙步步当头

四　廿八　偏舟一葉鴻毛少寄語舟人把舵穿

五　　兄弟八人数当尺貴

六　六十九七十　安居処調納福呈祥

七　三十五　衣錦更藏珠年年物色如

八　四十九五十　巧語暘春育諧律呂

九　廿七八　翊負冲天志未伸不如堅守待新春

十　廿六七　春風吹得桃花紅上下樓台物色濃

一　六十　椿樹風吹折定于耳順年

二　揮已宅規模遠方來之閥閱

三　四十三　生計順相從行之无不利

四　五十四　憂心事多強爲欢咲

五　五十六　行路逢危險相逢不善人

六　兄弟九人数有人貫

七　卅九　四十　不須磨刷鏡中塵目炤顏容色倍新

八　数有四子二子送老

九　卅九　四十　夙夜惟寅直哉惟清

至頁卆　直假六子得以送老

一 廿七 数該生子 桃李近清明榮華足樂意
二 六廿七 長子不肖数内先知
三 眞假三子送老兩見
四 為御從征東晩粧澁今不必問行藏
五 六十六 屈指年來命運乖解眉今日浔欢怀
六 四十九 五十 人意周旋天意差紅梅消瘦不成花
七 五十九 六十 一品皇侯豈是尋物色
八 際遇有乖黄昏到處迷
九 卅 数有子子二子送老
十 五十

一　　　　數有六子二子送老

二　　　　重寄双親不一名數定依旧視親生

三　卌七　運至时行進退有益

四　　　　妻配蛇命方能白手和諧

五　廿七八　吉曜相扶免禍殃平安度日亩如常

六　卅九四十　寒気消除大吉之象

七　　　　數有七子二子送老

八　十五六　圓碎玄常荷葉珠輕風吹動不相宜

九　　　　椿萱俱已謝椿樹受灾先

五千三百

一 兵 次晦纏身有犯太祟

二 去 春光花柳娟相看樂忘憂

三 垂 寒鴉枯木日沉西門外青山事匕非

四 六十五九 相慶太平时花酒一卮

五 壵 曲水行舟多費力有时順有时逆

六 兄弟九八数有五貴

七 四子合木土金若生火年不是孚

八 兵 朋友有知己相処樂平安

九 总是苦奔馳錢財積有餘

壹 垂六 将安將樂好光阴不用求謀冨自臻

一 七十六 幼年喪荿親入子大不幸

二 官至翰林李士衣錦回鄉

三 十七八 晝長人靜草竿匕景色融花正妍

四 五十三 自有漁人指路歧茫此營謀事遂机

五 能治家而操作女中丈夫

六 能治家而操作女中丈夫

七 廿九 四十 園林日暖百花香蝴蝶紛匕过粉墻

八 數有八子二子送老

九 數有九子二子送老

五十三 五十四

一　三十二　寸心今日得安康內外公私百事休

二　借問一生身外事遇兎之年是归期

三　七十六九　流年之慶晚景安康

四　由翰林而拜相馳騁田鄉

五　艾　勿得因人屡変迁己後悔無边

六　三十五九　春入西堂中阳和物色濃

七　三十二　科甲及第

八　六十五九　鳥啼绿柳織成愁絲絮紛紛事百休

九　四九　喪門炤命孝服之憂

十　六十五九　晶鼎臻而至積財有餘

一　七六　生子之年

二　數有四子三子送

三　六十五　好運已轉人能造畐

四　僅守父之貧衰不及後人之跨灶

五　四八七　此时不利啾唧自知

六　四四三　粟儲有餘有实乏虛

七　五八七　欽命典試

八　務本力田朝夕安然

九　有埋蛇救蚁之悳未如刀頭

五三四　憂轉為喜散而復聚

一　　数有五子三子送老

二　老　見龙在田天下文明之象

三

四　　　女配乘龙客郎姿金馬才

五　六五　花開花落春起姤时良弊運仍低

六　𡈼　愁魔消却病魔除夁禄悠匕㝵安居

七　罒　活計㝵周旋行藏勝往年

八　𠀋　深恩未报㕟君入幽冥

九　𡈼　憂怀未可对人言外强欢唉内憂煎

𡈼𡈼　所求必㝵乏煩嘆惜

一　數有六子三子送老

二　四二　事欲乘时破局來若顛若倒若徘徊

三　姊妹四人同父不同母

四　廿二　人欲周全天欲差紅梅消瘦不成花

五　六八七　公私而淂間歡喜淂相隨

六　五三六五　行人濟嶺步步平途

七　眞假五子四子送扃

八　數有七子三子送終

九　四五十　縞冠衣冠不怕粗卯子日时值主阻遇阳此数主丧服

五三百五十

一 四三 瑞気融〻護両堂十為九就運相当

二 五三 家業欢樂春風融〻

三 八三五 阴不阴时阳不阳園林寂寞鳥声藏

四 二四三 日焰中庭花木更新

五 五六 月缺花残寿穷数尽

六 四三 運來正亨通家門瑞気隆

七 七 謀事虽成憂之未巳

八 数有七子三子送老

九 三四三 衣祿豐盛家室安康

十 三章 勛勤鼎彝𧈅臻富貴于白髮

一　甲　黃菊引晦來一年多憂悶

二　辛　顏子欠二春胡為壽不堅

三　　　数有八子三子送老

四　罡　推車未可上高崗一步高來一步忙

五　　　自有高人輕借力一生財永丟憂

六　罡　相逢可卓言換淂眉头有哄顏

七　　　岂不高丟斷不在後

八　罡　方物淂宜心鏡寬

九　壵　欽命典試搜元可取

数有九子二子送終

五星頁午

一　五三　武曲炤命当宴膺揚
二　五三四　弓馬入洋
三　五九六十　夫登黃甲
四　五五六　行藏不必問行藏阴道騤遲騏馬車
五　妻配龙命方能白于子丑
六　瓜瓞綿匕浔長生之根本
七　呼聚喝声威權至重
八　抱六出之奇才呼風成陣
九　廿三　計事幺成破局多十幺二　就其奈何
三百十　五五六　武曲炤命三塲中選

一 芁 青雲得路天賜佳兒
二 六苙 解神相見喜和同凶曜消除盡正隆
三 罒 閨中未消停重雲蔽日悶沉沉
四 其 事事称心怀冬日不精神
五 卒 年來壽運增好景清淨吉
六 全 名登金榜
七 𡗗 南北東西冬不通往來冬事盡相違
八 垂 蚘螢有光可以借路
九 惜民財以卩己立㕽法以行寬
至覓 数有五子四子送老

一　兄弟二人同父不同母
二　一五三六　如花不久徒曾父母之悲
三　十九　名登金榜
四　三五八七　捧尽風雲一点空中天高炤有金息
五　五三六五　丑來横禍惱人怀恨杀爭情有破財
六　三五六　仕途光幻官訟交加
七　三八七　心事安閒家室康寧
八　十八七　方当壯年及时猛進
九　三五六五　灯光明朗炤人行步七周旋事不奪
壹章　三五九六十　衣服饒足心安而意穩

一　芼八　好樹枝踈襯綠陰行人至此慢消停

二　器　數該生子

三　數有六子四子送老

四　罡　進退惟谷禍相逐

五　妻配兒命方得諧老

六　莊　是非雖有財也有等閒一梯上高樓

七　吾禀　年值半旬嗷啣不免

八　數有七子四子送老

九　五子原全局五行二十二金一火真

星草

一　數有八子四子送老
二　祖宗培植根深子当發貴
三　曳裾豪門兼收名利
四　五九　一樹梨花白玉開妬風吹落樓台
五　婚宜遲乙乃堪配若早配时定剋傷
六　榮膺朝野称元老爕理阴阳作相人
七　五卌　陌頭楊柳绿西堂春草生
八　數有九子四子送老
九　早子虚遲子实
三五三卌　數有卜子四子送老

一 數有六子四子送老

二 竭力朝廷踴躍往前

三 十九 一曲鳳求凰在燭之下樂夗央

四 廿七 退而結網自躊躇不必臨淵羨有魚

五 四十三 擾乜怀多事得五而退十

六 三十五 科甲及第

七 四十九 五十 年來与旧祟不同内外熙乜樂意濃

八 廿一 当諧鸞鳳如魚得水

九 招妻在木年

五十三章

一 丗 横積貲財事事多明
二 眞假六子送老四兒
三 早祟顛連必作塡房之婦
四 子産河東鼎列分乱各樹棲
五 水年妻喪土年再娶局土命納音方合
六 数有七子五子送老
七 罒三 堂前西荻恨無人讀到蓼莪自傷情
八 注定三子局水土兒若値水不為畐
九 六五 飮酒食肉天与之畐
五三言卒 菽水承欢萱草茂麗塡並奏椿芬鮮

一　六三四　日落幸逢關可渡　尋得桃源可避秦
二　四九五十　春花秋月見之年不欢欣
三　五三四三　安如盤石謀望亨通
四　五四五　年至八七卦尽已年零
五　六二三　明月下弦其光漸滅
六　六三四三　当年衣錦超金闕　喜得財源富貴老年
七　四九五十　目下数年薤亭抄不堪　思就子陵船
八　五三五　一切有影如梦　约于今火竟数止
九　五三三四十　先花後果数中然

一　招得父有寿在堂是也

二　善事翁姑矣能莫及

三　卄四三　鴉鵲報凶又報吉

四　𦭝　好樹扶踈緑蔭濃吹嘘之力在東風

五　𠦃卆　寿域金登九十年寿星昨夜現中天

六　数有六子得以送老

七　四三三卉　四时佳処莫如春

八　妻配虎命方能白首千

九　数有九子五子送老

五三卒　兄弟十人中断惜离羣

一 五九六十 春雨花草茂枝枯而復榮

二 命犯孤刑未出嫁而剋夫

三 數有八子五子送老

四 㐂八 金菊園中列綺羅山珍海味列千前

五 六十 高椿之樹正扶蘇不料狂風吹折枝

六 奕 寿山千此矣

七 四九五十 樂事喜相逢東林鴉噪不為凶

八 卅五卅六 行船走馬防風浪不是人差命亦差

九 廿 紅鸞焰命是小登科

五三百八廿五 愁怀不可釋免强度晨昏

一 四九五十 凮雨消停春日長千紅万紫楽相將
二 四三二 天意相炤可免灾耗
三 三五五 子板丹桂枝繁華滿目前
四 三十一 皮為名所傷虛來耗去不尋常
五 五九六十 朝夕無憂不忮不求
六 四七八 搶攘來有盜内外不息憂
七 四九五十 有個魚郎來指引天台路上有何疑
八 三五五六 花遇清明逾錦叢埔入無日不春風
九 四三 風中流鶯棲未穩
壹夏孚 曲 淹沉何事謀策何如

一　数有七子六子送老

二　二十三　灾之後有灾风过雨又来

三　廿二　欲進且盤桓青絲宝馬未有戟

四　二十五六　人旺財與家室安寧

五　二十六　阳气盤桓晦又生

六　廿一二　上古三十而有室君今二二亦相宜

七　二十七　寿至六十七如此云云

八　四宫見孛嗟嘘日惟期神力保無虞

九　破財不利問利無益

壽見　廿九　三十　年来祟月亨万物邑更新

一 [illegible] 径路荆棘行人难定
二 [illegible] 有始无终其事难济
三 [illegible] 人事順利且安且寍
四 [illegible] 黄暮花逢老景黄花晚節香
五 [illegible] 嚶嚶鳥声春風頗有情
六 [illegible] 名登金榜
七 [illegible] 命帶關杀焉能長五年
八 [illegible] 謀事难成作十九失
九 知進知退能刚能柔
[illegible] 乖處不和事多舛錯

一　四宮見孛嗟虛日惟憑神力保玄虞

二　廿八　凄涼苦雨行人憂心

三　負假七子四送送老

四　四十三　千里行人未息有得乘良馬再加鞭

五　四十八　仕途變幻官訟交加

六　才大而力厚任重而道

七　徒弟四人得以送老

八　数有八子六子送終

九　卅　好花兩枝妬雨相催

五十二　六旬加八載一去料不回

一　四三　日圓月缺恨無常人事浮沉門主張

二　五十　妻命局二金年娶其後已喪在水年

三　五十　醉酒尋花賞心樂事

四　五十　一別親朋方古愁青山綠水空悠悠

五　春光妍媚物色交新

六　劝君勤苦讀書文莫將閒藝混青春

七　四三　柳媚花明賞心樂事

八　六五　一点螢灯暗處弐若明若滅照庭闈

九　六九　化凶爲吉無所祈禱

五四卌　不足于心有餘在日

一　𠆢三四三　灾晦相侵流年之咎
二　数有十子六子送老
三　罒三三　家業與隆運至时通
四　二一崇　山川之毓秀瑩潤掌中珠
五　守宅錢庫亳厘不失
六　雁許河東过斉田八龙須讓且一層
七　罒三六五　躡足高楼之上更進一層
八　雙匕鴻雁兩翱翔一双立在松頂果
九　命命之兒已有成其後土年傾
五壽罩季　歷尽崎嶇路坦夷前程指引可安車

一　五七八　不疾不徐徙容馬蹄
二　　数有八子七子送老
三　五四十九　烏雲一捲見靑天日色融融花正姸
四　　結交非其人不但刀心負
五　十一　蓮花映日色自是不尋常
六　三十七　功名事就冨享餘年
七　十五六　好運初轉人能造冨
八　　駟丞之戝数內先知
九　廿二　如花開时便凋殘恨杀無情風雨催
十　有翁先死大数已定

一　卄五六　謀事順意動止安祥
二　五七八　始終好事得周旋今年行事勝先年
三
四　仐　寿享八旬悠ヒ而往
五　罜　雲開山色麗風静竹枝安
六　五十四九　南北東西無不通往來有利得相從
七　　妻當出家數內先知
八　　子許一丁先抱女原來有数定先知
九　奕　老之將至君不知有灾有难侵自危
五五四百卆　数有九子七子送老

一 森々玉樹庭前立一枝桂花晚節香

二 廿九 三十 绿樹阴濃夏日長凉亭軒爽芰荷香

三 曾戴日月而出家本不了局

四 金木土火成五子惟是水命不宜兒

五 数着九子六子送老

六 萱花荫庇得長年椿樹風吹乏在先

七 三十 皓月澄清千里一碧

八 廿三 天心來復轉三阳黄道初纏日漸長

九 廿四 细雨微々丑似有似無濕人衣

五三百二十五六 樂事称人怀禎祥畐自來

一	二	三	四	五	六	七	八	九	五十四頁卒
五十九 六十	六十七 八				廿九 四十	十九 二十	十二 十三	十五 十六	

缶是缶非三春花柳

景色快人情垂楊遍绿阴

復任守倫

子喪厥親随母徙人

数中不幸父母死于非命

運有乖違花枝風雨催

禪門自有春光到寒氣侵人未及回

老之將至君不知有灾有难侵人危

月光千里炤人行夜色灯青到処明

一　共　萱花经霜萎始雨又相催
二　廿二四　春到南枝自有微陷叶应
三　卒　天哭催人老毋乌故而有寿
四　茳五六　秋声早听鹿鳴又兆熊羆之慶
五　奎三　爲問仕途人氐如林下樂
六　数有不幸毋当出家作尼姑
七　芲七八　如花開处錦披霞院字精華足靡華
八　吾三六　玉折桂催古今同恨
九　卅二　權生炤命代巡之戢堪任
吾賣卆卅　整頓笙哥会春暖日融匕

鐵板神數　辰集

一 五七 数訣生子

二 四二 丑符爲患又爲灾啾唧无端水破財

三 八七 凶星不侵流年之慶

四 四三 朱雀遶戸破害相侵

五 七十 年至古稀老毋寿終眞古稀

六 数有九子七子送老

七

八 八七 水年夫当科甲方合此卦

九 十二 晦氣侵人裡房冷淡

五五百 七十 快足无求老景悠々

无意栽花々自発易成易立不消猜

一　廿六　斷絃之悲

二　四七八　終日持竿不得魚江中風雨苦萋萋

三　十二十三　走过江山又是閑道蓌跛踄事艱

四　四九五十　南柯太守梦魂長

五　十三十四　不晴不暗有情玄遂

六　二十五　大数已定何必復問

七　卌　一程又一程玄処不阴春

八

九　廿九三十　錦似河阴院裡花春風到処映荣華

十　十六十七　名花錦色可坘人意

一　五二　緣醉復醒憂樂同行
二　四五六五　行樂順境吉利相淂
三　卅一　所求不遂進当復退
四　初授獄官事宜斟酌
五　五三六三　花開遇雨無顏色月明还破黑雲遮
六　十六　初阳出雲表曙色熠堂前
七　廿一　謀未成时天若催成々如寄冒來
八　土年配夫金年尅氷心凛々
九　卆五九　南極吉星臨喜氣到門庭
五三五四五十　翩々五子房金金若是海金終須去

一 此刻生人萱花犹茂
二
三 賦性剛直仁必仁慈
四 廿二 畐來不必求安然淂悠匕
五 十九 二十 屈賈誼于長沙時之未遇
六 廿七 八 惜日徘徊有不前今日跨馬再加鞭
七 四九 入山樵童引淂地又淂时
八 命主刑夫幸出家而能寿
九 子有四位木火土縱有炉土生而去
壹壹卌八 蝶宿花房愁难語自怜春去幾时回

一　苎四　青雲浔路天賜隹見

二　五九卆　喜自天來無心之処浔逢財

三　垩　怡情澤畔心如境棲遲衡門每賦詩

四　芢　進三退四却為何眼下遲疑友更多

五　垄　春花正好遊飲酒樂無憂

六　芒　春花冉々物色交新

七　茳　難之復易一轉便饒生計

八　子早妻早人生大幸

九　蘣八　意外煩惱之憂

垩垚卓菇六　春色無限錦叢中花鳥相親事不同

一　喜有五子火土金昔生木命主灾迍

二　官至叅政仕途变幻

三　圶　珠玉金屋之中享畐过人

四　兄弟俱出家原來有数之先知

五　芢　錯用妄成时之未遇

六　亖　大運既亨相时而動

七　罒　圓轉而琭用不穷一歌一曲咲春風

八　一子不見数有前定

九　問子三旬之外淂之始实

臺章杢四　枯苗淂雨勃然而與

一 兲 花甲寿足少二春而归西

二 亖 静中心地泰春色上眉端

三 七十 六十九 莫道秋容花冷淡春风遥送暗香来

四 六七 时不至今運不通拾得黄金变作銅

五 奉 只好安閒身处坐豈知門外鬧声轟

六 尧 八旬未足何竟归西

七 耽居丞䮾祿少事煩

八 五十三 八 畐祿无空終須常有

九 四十三 財虽破而免灾不幸中之幸也

五十三 五十四 三十九 四十 城墻之上掛神光諸事亨今財自亨

一 世 雲对光憂之如何
二 畀 鏡与人俱去鏡归人不归
三 才大难為用婆婆兩鬢皆明王梦
四 祟 豐衣足食錦中花
五 兂 生子之年
六 茁 家室康寍俱叶平安之慶
七 借問一生身外事遇鷄之年是归期
八 毳 芳草萋萋春正浓遍郊红绿称人怀
九 三軍司命威權重細柳營中主帥權
[illegible] 缶物不從容樂于管弦中

一 五六 徒弟四人二人送老
二 五三二 清閒无事咲傲林中
三 七十六九 一團冷氣透菩提
四 八十七 牡丹開得正榮華勝意当年千万家
五 五六十 夫命局土配年火喪夫年木
六 五七 羡君今日促离粧惟向当年快有常
七 犹如春花秋月見之无不欢欣
八 五三六 四見原來水火土金木繞饒不与册数
九 四十三 赤日空驅逐绿柳阴处得停車
五五五十 四九 四十

一
二　五二　万点紅灯炤路來行人无復有徘徊
三　不幸严君先棄世幸逢母命寿元長
四　全　国有称長之慶民增純嘏之休
五　秋风落葉暗自消然
六　垂　不劳其心力安享其福
七　卄　风风雨雨恨无憑桃紅柳緑損精神
八　卅　鄉試中選
九　有子傳家真富足閒融棋局醉春风
五五　四八十　廿九　三十　灾晦相侵流年不利

一 男 悶然不樂雷雨交加

二 艽 清晨鴉鵲噪凶報不可聞

三 亣吾 夏雨初晴看白蓮亭亭欲立小池边

四 西兰 惟咲时光春風海棠

五 亢乇 馬未鋪鞍高低之時有盤桓

六 矢 弹断瑤琴絲其限有刑傷

七 充 花正開而遇雨

八

九 丟 出兵甲于胸中運经綸于掌上

五王亘足 廿九 三十 襜帷暫駐棨戟遙臨

一　六六五　豺狼当道不宜前進
二　五五　馬走危途回首費蹉跎
三　稲寿綿匕九十人試看住脚少三春
四　公　九匕之年数已旁冥魂魄入泉中
五　昇路功名数由前定
六　五八七　揚快又宽舒往来得坦夷
七　二千　曲道推車進退两难
八　廿一　遇有險阻勝而多害
九　丹桂花香正及时
亖百　卌　既栽以功車服以斤

一　命犯孤宿奈若何甘心潑落为尼姑

二　兄弟四人一人过房方合

三　上命水命子其後木年水年死

四　异路功名可称怀吏員可喜

五　官至鹽運司數已預注

六

七　乇　三台星炤任推尚書

八　四三　无物不滢容樂于营弦中

九　六六　昨夜朔風高江山千里过琼瑶

五千六百三

一 罕 藤蔓有蔓延花非破財兩相牵
二 婉轉隨時得合者中
三 父当出家数内先知
四 廿 有梯有板高樓直上不难
五 箓 停步東風裡忽原処乜香
六 土 凶神得解福神扶禍自消除福自来
七 卌 潮去潮来財散財聚
八 五三 数到头来総是空金艮財宝化为銅
九 五二 脱絶牽纏李步軽便
吾六亘 六旬欠二入冥鄉岂效孔明礼斗难

一 廿六五 耕田貿易兩相宜運好兩般皆得利

二 運至時通事皆得意

三 四六五 風清月朗情懷暢快

四 廿八七 龍泉利器再淬以鋒而未試

五 五八七 意外煩惱之憂賴有吉神解

六 三子送老矣愚不等

七 十六五 春風綺羅翩匕得意

八 五四三 松筠節操天賜其庥

九 戊戌之年名登金榜

五三十四廿二一 双喜臨门美璋採芹

一 卆 楊花乱柳花乱春深寂寞鳥不啼

二 𢀿 无禍亦无灾安居福自來

三 曌 飽煖无求樂輕風送小舟

四 苝 錦繡堂中列綺羅煖風相送鳥聲和

五 埀 彩雲炤耀画堂喜色

六 𦱊 可以進而進謀之无煩惱

七 此命出于偏房合此刻数

八 𠆤 天理常存年始始尽

九 再任知州

丟百㐫㐫 富極无高以尽人間之福

一　四三　出門無所求之皆遂意

二　四二　生子之年

三　五六七　晦星炤命室中有損

四　甲辰之年名登金榜

五　子許三丁先抱女先天注定

六　四三　大耗小耗破財遇盜

七　六七　財帛豐盈双子孫滿西堂

八　六五　三月楊柳正綠陰又防風雨打枝深

九　六五　玲瓏台閣極壯麗之觀

五百十卅　晴風暑氣消日光已上梢頭

一　月鈌恐难圖浮雲蔽目前
二　芜　兄弟死子非命
三
四　賭博中年改畐祿自天來
五　借問一生身外事遇猴之年是归期
六　交錯崎嶇猴行人東西南北不差分
七　卉　浮授序班何等光輝
八
九　丞　年当耳順零令当佐理國政
壹章　咋　煖凮正薰人桃李正研新

一　奚　中饋入亡心怀寂寞
二　三十九三十　花遇阳春人逢泰運
三　甲　行年不惑大限已終
四　廿二　滞而不明菱花濛塵
五　四十九五十　寒氣侵人流年欠順
六　六十七八　灾禍灾灾明星燦燦
七　財帛难入手縱有便消磨
八　享祖榮恩隆把総
九　前妻生一子
兲頁千　鴻雁一羣展双翅嚦嚦拾浔一巢棲

一　廿　一孕萱花曉色寒霜氣冷落玉欄杆

二　卌六　常因其憂快然安舒

三　眞假八子四子送老

四　再嫁夫有出

五　四百八　富之有餘春風模樣麗人居

六　五千四百九　靜中心地泰人事得安舒

七　三十　風吹椿樹折三年泣血悲

八　其人之亡定在四月

九　奎　名登金榜老來之榮

三千四百十六　明月上初弦其光漸漸圓

一　妻配牛命可許諧老

二　兎走馬丑一領青衿換布衣

三　和気近人雅至相得

四　庚辰之科甲及第

五　直假四子三子送老

六　兵　数該生子祐我無疆

七　道尓鎡基不如乘时耕作

八　兵　爻已有寿白头孝子送上高山

九　[illegible]　年豐大有年家中樂事濃

[illegible]　[illegible]　明月炤闈中家庭承露濃

一 气象温和量大度潤
二 五四十九 樂事從容処々光風
三 六百二 來々往々難期一遇
四 六五 坦道無碍馳驅可前
五 戢居固山一旗之主
六 守定根基啟後人後人昌盛旧还新
七 三五 大小咸臻禍不侵
八 羣鴉班馬才独擅安從理李渊源家
九 三五 事就且高哥飲酒舞婆娑
十 三三 草 父親早喪慈母房虎

一　垄　事々從容懷抱寬　金風一陣夜生寒

二　　　异路功名得授典史

三　卒四九　財積如山晶自生　春風花滿洛阳城

四　卅五六　步履皆平坦　何必向風波

五　三十廿九　用心鑿石幾成玉　着意淘沙始見金

六　卒三四　樂意稱人懷　禎祥晶自來

七　兲　萱花时光过　濃雨又來催

八　　　器宇宏深神机偉俊

九　去　笑日不春風　胸中事不窮

吾卅昇卒　錦繡喜重々花開滿園红

一 妻卓子早名遲利

二 椿萱並茂在堂前他日終然又命堅

三 以監而選県丞

四 三七八 盤桓而進守以中正

五 三五六 財帛積有餘安然而進淂安居

六 青宮洗馬致仕还鄉

七 五五五 数該生子

八 七九八十 児孫滿目遶堂前寿如松栢鼠南山

九 五九六十 挺胃幸有人已可恚人力

十 五五六 笑不了財哭又至車脫其輪怎長驅

一 四五四六 流年灾不侵内外得安居
二 四十三 白虎在門灾毒不免
三 再娶生一子
四 甲戌之年名登金榜
五 官至知府不能高權
六 四九五十 顛倒無常今有常行入一夜过羊腸
七 篤志寒窗年又年名利豐冀宮謝平生
八 三十二 人如醉梦陡醒方覓其外
九 孝識兩全犹如淵源之有自
五十二 卓 廿 雲收雨过日月光明

一 五五六 事淂所欲妄爲不足

二 三五三 当謂鸞鳳如魚淂水

三 三五二 其年慮躍攻身且防危險

四 真假五子淂以送老

五 二五三 乱符来死符啾唧總不知

六 四五三 时進时退不一

七 四三三 喜事可以逍遥悠悠順培

八 四五三 半夜潮生大不警值淂財聚又成名

九 五五二 該生一子

三三十 昔功用尽許君泮水生香

一 七九 八十 舉祿隨人健旺精神

二 十四 椿樹已成風木恨難免三年泣血悲

三 四七 八 謀事有人成得意馬蹄輕

四 五三 二三 事已從容懷抱寬金風送暑得清涼

五 四五 六 東西路可通行船過順風

六 四三 十四 浮雲捲盡月重明灾晦消隨舉自生

七 卅 堅木膠結冊傾中流

八 六十 其年惡曜攻身当防危險

九 三十 濃霜連夜落萱花被凋殘

五三 四六 十三 四 居官不如居家治家不如治家

一　兲　事得所欲無爲不足
二　四九五十　碩人堪賦袞馬翩匕
二　　父先毋後抱天之恨
四　六六　名登黃甲
五　　祖業不靠自創家園
六　三五　数注室人难共老琵琶撈断弦声
七　六五九　狐含猿啼令人心恐耳驚
八　七七　我生不辰今年喪父
九　　正妻既未得結子娶得偏房許生兒
三百五十

一 芘 馬走高低路反覆多回軒

二 莁 幾得圓時又復虧循还不一

三 犬吠喤匕名進宮墻

四 吾六 子規啼落樓头月一枕夗央夢不成

五 𡘙五 紙窗因風破明花恨雨催

六 廿一 不遇之遇物饒生趣

七 叅領一旗干城之選

八 娶得妻時即便剋命中刑尅有何医

九 前妻生二子

吾乇亘卒 両妣來時不用求在前在後總悠匕

一 四廿三 花甲云週紅塵塵不能同首見阳人

二 四廿三 禪室慶長春无奈多風雨

三 十二三 大小長徤春光无限

四 夲三 恩星炤命官職高陞

五 四十九十 春滿洛阳城高低錦繡叢

六 八十七十 有得有失事多反覆

七 三十三 空門无俗慮不免是非來

八 六十五十 山路崎嶇一步高來一步低

九 四百三 全不費精神生涯得稱情

十 三百八十 言行不謹慎是非破財兩相牽

一　　配得金水之夫方合此卦
二　卌七八　太平無事悠悠順意
三　三廿七　时通时蹇或進或退
四　卌五六　所謀不合圖之何益
五　六廿七　而今燕喜連綿至柳絮桃花共一園
六　五十四十九　经談松樹下得意月長明
七　廿一二　有经營之才無经營之運
八　三十廿九　風雲一时新桃花柳絮青
九　三廿六　逢萬桃刀惹去園草欲青
五三六夏是四四三　進步而周旋去風倫馬鞭

一

二 五九六十 破耗岂不幸失中之有得

三

四 十二 幼年行樂無日不悠々

五 協領之職数田前定

六 喪父早折母又重婚

七 四九五十 日色融々幾度清風

八 借問一生身外事遇猴之年是归期

九 二十 玉折蘭摧古今同恨

五六章

一 夫 鄉科中選

二 奎 一盞餘灯烟未消金凤依旧异香飄

三 妻配凰命方能白首于飛

四 艹 蓮花曉日色自是不尋常

五 花 一片白雲飛过蟾光復見晴明

六 花 憂疑自轉欢喜中來

七 前妻生三子

八 叠 年々事々通内外喜欢昌自隆

九 四 珮玉鏗々童年厚昌

五丟算

一

二　四三　事得諧合不勞心力便成功

三　　富貴黃金比石崇鼎新事業福興隆

四　七七　仁合仁離愧見鴛鴦

五　十七八　意外調和鼓舞婆娑

六　三五六　燦氣洋洋溢春風色融融

七　六七八　太祟有情自然逢凶化吉

八　三五六　閨中乞求快樂得悠悠

九　　刀授縣丞之職

五六八四

一　甘三　外似風光内实愁許多不足在心头

二　乇三　名登科甲

三　前妻生四子

四　卒　枯荣得失𣅜前定何必尤怨不如人

五　五六五　名之不可求𠄌之彼阻悔无休

六　超陞知県

七　六五　灼𠄌桃天麗色如錦繡

八　六五　日正当午光明浩大之象

九　五三　数该生子

五六皐光　拙守有不足如韓候之未遇

一 四十一 鏝砵花開菩提葉茂
二 再娶生二子
三 二十五 補任半吉实难憑
四 補任粮所
五 廿五 数到头來不自由白雲千載空悠
六 四十五六 淂意防失意輾轉无憑據
七 数有五子淂以送老
八 廿一 慮事而動々為不臧
九 四十五六 富履悠々家門清吉
五十六七 一生衣祿足招富厚享榮華

一 丗 一夕金風煩暑頓除

二 芒 鄉試中式

三 垂 人事和平兩堂彩色

四 夲 月光初缺処稍々減夜明

五 莊 光曜三台高壓祿位

六 此刻生人堂前双親並茂

七 昔 何时忘憂疑去後享安舒

八 旧日根基今日消根基非倚旧时苗

九 前妻生五子

五六百五千一 事无于累終日悠々得意

一

二　罣　光風霽月鼓舞婆娑

三　彘　勾騰炤命室害交加

四　究　出有安車入則安舒

五　再娶生二子

六　垂　时雨遍郊原方物尽沾恩

七

八　其人之忘定在六月

九　卆　正满九旬大数已定

亖𠀤　卅九 卅　到处風光到芒鞋竹杖與悠然

一　圭　數該生子

二　卅　宝鏡重磨依旧光輝

三　　　癸輝煌之慶衍奕葉之榮

四　二十　嫩竹独竿已透墻会看指日拂雲長

五　　　前夫生木子後夫生金覓

六　卅　大往小來君時未遇

七　仝三　兒孫滿目席前舞班爛

八　丯　　配夫之年

九　　　財帛豈有餘到老多勞苦

吾谷草

一		
二	甚	春花秋月無日不堪誇
三	艿	机会不求進三退四
四		再任州同
五	丗	運未有咲容匆匕遇春風
六	共	破耗不能禁皆因耗入運
七	圭	人生不幸泣血幾年
八	艿	百花鮮吐方世争妍
九		丁卯之年進士及第
吾覓	共	財在塲中去耗星故杰耒

辰義

一 睡未醒醉々昏々不省

二 吹花翩碎錦拂起簇烟

三 苝 財帛破耗急々回头

四 流年順利似春花之咲日

五

六 圭 小水滩头阻去舟徒然費力莫追求

七 鬼怪出相侵凡事三思休可疑

八 寬洪其性温柔莫並

九 丗 雲開日現風靜波平

五九夏 仍然不守温公訓致令場中散貨財

一　若問寿元事六旬加四是归期

二

三　十四　更殘漏报已天明月落星踈早晓行

四　小富淂港勤処積数注其人淂百金

五　陞選同知

六　五六有破財運去耗星排

七　十六　多忌冒自來春風有意好花開

八　辛丑之年名登黄甲

九　十二　清波有舟而登彼岸

卅九百十　昇路功名再授王部

一　五五六　心間得安舒欢杰畐自如

二　五九六十　燕子交飛春深桃李

三　三十　潛潛等等場中輸場中贏

四　虛名虛利百無成浪跡萍踪已半生

五　官至州判不能高擢

六　五六十五　禍患而自取幸尔有虛驚

七　七十七　南楼惟报三更月半夜子規尚有啼

八　四九五十五十　洛阳三月景楼台物色新

九　徒弟五人四人送老

五十五十六　四十二　物色更新錦綉上林香

一 卅 財散不勝悲

二 再任把總

三 廿七 耗星隨入限不睹如何散淂

四 罒七 鼇頓离粧渺匕茫匕入故鄉

五 六廿七 否極泰未造化还轉

六 再娶生四子

七 罒六五 輕煖輕寒景色无边勝慨

八 六大 鄉科中選

九 罒六七 事休多端心中總未寬

吾鼎

一　罿　裘馬翩匕往來金玉

二　廿　主耗財

三　𢀖　祿勛星現特封一品之榮

四　卅　主塲中破財

五　卒　碧天雲靜月轉琉璃

六　𠂕　花開將尽香猶在菊殘猶有傲霜枝

七　廿　東西不辨空徒驅逐

八　廿　命帶指背殺恩澤反爲仇

九　苷　朝謀夕算明日東西

五千九百皐罡　寿止命尽

一 四三 凡事斟酌大有所獲

二 卅二 王耗貨財

三 五九六十 前後有阻居止無所

四 五六五 人物如松栢歲寒節更堅

五 卅三 王耗場中財帛

六 五六五 無益之言休着口不当己事莫当头

七 廿七 花發滿林春日長東風嘹峭晚凝香

八 四三 那怕塵埃何怕寒不愁風雨不愁霜

九 十三四 紅日東昇軒窗自有光明

五九五十五七 豈有粟吾得而食諸

一　夫　思父不見泣血三年

二　卌　財帛難免散耗

三　六九七十　楊柳花殘已暮春上下楼台物色新

四　四五四六　魚下碧潭隨浪舞馬騰青嶂拂塵飛

五　五五五六　財滚々兮財自旺喜匆々也畐自隆

六　四九五十　楊柳含烟堤上緑桃花映浦水中红

七　卌　因貪反成害財帛席上散

八　辛丑之年名登黄甲

九　五七五八　人逢吉事精神爽花遇春風瑞氣香

五五九頁四十　是年别故偶將練末比素

一 丗 財祿散耗

二 卆示 月明丢霞玉光輝日漸生

三 咢 履道坦匕君子貞吉

四 四三 一塵不染四大本來空

五 八罷 菊吐秋天千万朵梅開臘月幾千枝

六 浮選倉官前數已定之

七 三三龟 不費工夫事有成晶來相湊喜相逢

八 三十 九光 元亨利貞百事吐吉

九 招妻在本年

十 章丗 入場妄想反耗其財

一　　官至同知不能高擢

二　廿六　破星入限耗財

三　廿八　賭星入限頻頻破財

四　　當有五母之称

五　廿二　一枝春花帶雨流年不甚美

六　廿六　賭星入限破損貨財

七　　可惜當年事不旁今朝低首向西風

八　廿八　耗星入限主破財

九　廿八　安常處順得意之时

五六九頁午　乙丑之年名登黄甲

一　卅　不利不利不利破耗破耗
二　三千廿九　一擲千金渾是胆家无四壁不知貧
三　六千　老当益壮寍知白首之心
四　五千三　龙嘘氣而直上五色雲呈祥
五　六千四三　事起淒凶頭丙外淂意濃
六　廿七　当年凶星烱命賭錢不利終日加愁
七　五千六五　課兩問晴天意順人
八　四廿三　欲左欲右光明度日
九　六廿五　出蕡在谷載好其音
五千九百九千六廿五　是非无掛念直遙出自然

一　淑女內助淂安康衣祿無憂福壽長

二　廿三四　東西南北無往不利

三　十三　三阳回万象幽谷自生香

四　數有不幸夫死非命

五　廿九　破財不利此年中

六　限中一似雨中雷難成事業敗如風

七　廿九　今日晴时明日阴情傷顛倒是迷途

八　官至吏部尚書不能不能拜相

九　卜君阳年終于九六

奎足

一　一生衣勤儉錢財廣于晚年

二　栢舟自矢心堅氷氷

三　四十二　幾点芭蕉雨一声愁悶不堪開

四　二十五　祥光映西堂獲福自無疆

五　熟讀蕭公律功深自可求

六　廿九 四十　雲裡月雨中花

七　官至尚書至尊至貴

八　命中多內助家室有孟光

九　壯年勞老年閑名利場中不用貪

六千〇十　心本太虛塵不染

一　　　　數有三子淂以送老
二　　　　前妻一子後妻無見
三　廿五六　爲所当爲獲之大利
四　二五六　凶神爲吉ㄝ又凶ㄝ之無望𡗗成功
五　　　　徒弟四人許其送老
六　四五六　無害有益洊之無勞心力
七　　　　上承下接財帛廣積
八
九　二三四　有針無線用欲穿未成衣
六七十　卅　易乎其易事巧有濟

一　六千三百六　多甚灾凶恶难亦是童年之喜

二　肆業讀書陶情花酒

三　卅二　前途尽是坦夷道一任遨遊自在行

四　经文緯毋独把尸之財

五　五千七百六　如圭如璧如金如錫

六　四千五百六　君子是則永受其福

七　与人不求偏撿身若不及

八　質勝文則野有先進之風

九　六千四百三　川下火起灾毒不減

十　二千五百六五　伯牛有疾君亦如之

一 四九五十 景色晴明芙蓉開展
二 兄弟二人其樂融ヒ
三 三二一 有箭無弓欲射不能
四 三五六 月上初弦漸光明若到中旬倍十分
五
六 六七 碧天万里淨無雲月到欄杆水有陰
七 四三七 夢魂不擾際遇相安
八 六七 眉头開展事㝵施爲
九 四三七 有斐君子終不可諠兮
六千平 四三 伊尹耕于有莘之野未逢湯聘

一 数有三子淂以送老

二 卅九 四十 坎坷度流年机会幾变遷

三 発髙于晚運廣積財帛

四 廿二 流年更不同桃花与柳濃

五 千八七 喜慶淂相逢謀之便有功

六 十壹五 鄉科及第

七 千八七 始憂終悦正是良晨美景

八 背有曲駝前生惡報

九 六千 五千 犬生兩口請君祥之

卒辛 爵位武曲業本儒行

一　財帛阴耗散積蓄最為难

二　成家者貴人扶一身安樂永无憂

三　五十六五　愁聞啼鳥叫躍馬过檀溪

四　十七　芙蓉未了变憂容花正開时忽遇風

五　仐　春風桃李花開日秋雨梧桐葉落时

六　手藝要高九流内都在人間第一流

七　四十六五　殘年撑过安富日將來自有佳景圖

八　六五宗　血光潮热时年氣五六前後不能免

九　六七　有為之时事乃克濟

一 東風忽又轉西風晝夜暖寒自不同

二 廿九 四十 恩星照命吉利自安寍

三 香生簾幙清風轉花覆宮墻淑氣多

四 卅二 問利問名兩收其益

五 五十八 离合春光老已無顏色逢秋又槁枯不吉

六 五十五 精傳茅山法普救世間人

七 七十七 能剛斷而任事氣象崢嶸

八 恩星相扶增福進爵

九 五九 六十 禍去福來災毒盡消

十 六百十 不須憂慮只守分安常

一　缥缈梦随蝴蝶去

二　无端煩惱无人識惟欠東風只自知

三　五五六五　匪直也人秉心塞淵

四　十七　如葵偏愛日掩映不爲光

五　全二　惆悵問出外運限有奇災神力可保学不能畢来

六　不意之中晶自臻恩星相照晶来臨

七　罡六五　命帯文昌名登金榜

八　六五葉　时運不通遁迠殘度

九　六花　金風除暑氣心舒喜自如

六七〇千

一 偶因行事徒差錯誤了終身知未知

二 半為儒者半為医

三 書子亦早人生大幸好

四 華年殞謝天地老人生多情偏悲思

五 [illegible] 蟋蟀最無知亦悲年運旁

六 [illegible] 超然物外時時梅月松風

七 [illegible] 悶悶不堪言躡足不知前

八 [illegible] 一往因飄蓬俯仰又似悲

九 東西任所之宇宙何其寬

[illegible] [illegible]。[illegible] 時乖命亦乖渾沌無心緒

一　用之帝王師不用岩谷叟

二　四十　無端煩惱誰人識惟欠東風只自如

三　問今之先父母全卜他之年父先去

四　六十五　厥霜上鬢未東風吹不去

五　五十六　童年五祟难免灾晦

六　窮通皆由命切莫强求謀

七　達將連駟聘勢節蓬蓽行

八　

九　五十六五　涼風至暑著气除心事安舒居自如

卒言足　婦命能操持生涯能儉績

一 充 五彩繩牽月老画眉張兆許詔張郎

二 叁 灾星相熠啾唧自家知

三 卌九 仕途有变奉正当鄭重

四 廿二 不必問行藏進五而退十

五 卌二 乘車而往按轡除行

六 莫道少年冷淡自然晚景光輝

七 三四三 都問流神問名利空还自嘆費無成

八 卌二 川下火起灾侵自至

九 六五 童子五六崇是香芬物輝

十 六五 韶光正在陽和日人物定加景多

一　寒窗之苦皆经歷何时案上姓名香

二　奎　亢龙有悔勿用于时

三　四五十九　安心樂意出人頭地

四　三千　有弓無箭欲射不能

五　四四五六　煩惱無端好憂心自知自立自沉吟

六　財帛有餘一生足用

七　二千九　平安可保不必問行藏

八　奎三　犬生兩口孝服之憂

九　艹五六　一日修好惡二日利大川

十　卒十一四五六　際遇有主張行人过羊腸

一 卅九 数注其人田園万傾

二 四十 枯苗得雨家業興隆

三 腰纏万貫一生足用

四 廿七八 庭前草色智君早暗裡栽培秀轉新

五 数注其人富祿深心逸身劳得千金

六 四十三 科科及第

七 廿三 前村遥望杏花红指引來时有牧童

八 四十二 仕途变幻峯趾多舛

九 十四三 綠楊深处有漁舟漫捲絲綸着意收

六千百三十四八七 衡門之下可棲遲泌水洋ㄊ可樂飢

一　廿九三千　小宋应能熊羆一子喜可見
二　五千九　炊白梦回傷寂寞中饒不見採蘋人
三　六廿五　際遇漸亨通頃刻輕風送轉蓬
四　　發創千金富兒孫世代昌
五　四廿三　煩惱積心头愁緒滿眉端
六　八廿六　雨过增山色雲散月華明
七　四廿三　利不可求動而見憂
八　　兄弟四人同父不同母
九　六十七　古稀欠三春夫死泪沾衿
至章　数注其人富白手発千金

一 [illegible] 皓首風波

二 允矣君子展也大成

三 [illegible] 欲知幾度蟠桃熟七九加二數已盡

四

五 一品當朝名揚四海

六 [illegible] 瑞氣重重至門庭吉慶多

七 [illegible] 樂昌破鏡再合珠沉合浦幾時還

八 [illegible] 走歷迷途而得轉好花深處又盤旋

九 [illegible] 圓缺因時有不同主張頭上有天公

[illegible] 真假四子三子送老

一　待人直誠受人欺侮
二　廿三四　茵而不秀ヒ而不实
三　廿五六　愁怀未可言圖爲皆左恨相連
四　六五十　啾唧知不免一暗復一阴
五　一　鄉科及第天賜麟兒
六　夫婦寡緣棄妻而重妾
七　四九五十　造化有循環剝極自然復復
八　六廿五　数朵好花開芍藥一泓秋水浸芙蓉
九　難聚易散名日津
三千二百十九　吉凶不由人可知次第行

一 六子剛匕足五行重水必大旹月一不淂

二 毳 走至逆境事匕皆悶

三 罣 財帛有餘当年不必門躊躇

四 㐌 蒼蝇点破玄瑕玉不費錢財也費心

五 䆳 阴気盤桓晦気催灾之不已又还灾

六 卄九 生子之年

七 卄三 患难遍相随為祸又為灾

八 卄八七 道路难行前荆後棘

九 兄弟九人数有一貴

辛皂十三 蔭祖公而国孝少年栄華

一　失怙㒵嗟情慘切断机惟咲孟毋賢
二　五十五　五十六　盤旋復盤旋行個漁郎引路前
三　八十八　八十九　九十　壽双全精神倍爽
四　一生多博学性情守已樂
五　四十七　四十八　太阴出東滄海秀人事欢呼樂意濃
六　十九　二十　每日樂優尋常不用求
七　四十三　日月樂優游安常樂忘憂
八　兄弟九人数有二貴
九　既乘其时当長其志
六十七　七十三四　今年勝去年人事幸多愆

一　家藏千金皆勤儉所積

二　四十　月到中天西堂開展自光輝

三　以監而司部戢数由前定

四　无端拾了一塲災殃度憂驚䁈

五　一品当朝声揚四海尽知名

六　六千　祥光叠叠現偏照錦堂春

七　妻生一子妾生二兒

八　三十　春寒秋热光景无多

九　君生六子土水金若生火星便爲去

六千九百十五　六　好花將開風雨又來

一　罒三　葵花偏向日浮雲半掩不為凶
二　官至都堂榮歸晝堂
三　卌二　瑞気隆匕起家門吉慶多
四　人中龙虎閣上麒麟
五　蔭受知州数由前定
六　卌三　人逢美運花放遇春
七　卌二　吉慶臨門樂意相從
八　八罒七　蒼苔雨过滑如油行人仔细便無憂
九　兄弟五人先損二丁
六三百足六十三　不用勞力安然衣食

一　双親全白髮父母後定共宗

二　罣　坎坷風流年數定幾変迁

三　須知白璧还爲宝更起黃金又束腰

四　流年更不同桃花柳色新

五　柳媚花明賞心时候

六　六九七十　鄉科及第

七　喜事更相逢謀之便有功

八　三十三　錦綉花叢發開放滿園紅

九　童亦安舒無甚別事

奎夏孚六五　桃紅柳綠畧称心怀

一 四二 兄弟九人中断情离羣

二 真假六子四子送老

三 廿三 灾毒不生流年之慶

四 人逢美景地花開又遇春

五 自有高人軨借力兩重門戶尽光輝

六 廿六五 畐履悠悠家門廸吉

七 廿三一 春光苒苒物色変新

八 四八七 財帛驟發好運時行

九 荷花出水亭亭直直

奎是 自小生來欠發積幸有兒孫創田園

一 佛祖降生方人皈依

二 [illegible] 無是無非三春花柳

三 [illegible] 恩星照命吉利相從

四 [illegible] 花甲欠二春夫死泪沾襟

五 [illegible] 凶星夾党居安常以慮危

六 [illegible] 尚是高山路可通半爲費力半成功

七 [illegible] 鄉科及第

八 官至試院而致仕

九 [illegible] 數該生子

十 [illegible] 事就怕有人相欺恨無依

一　三三四　龙恵相扶必有所獲

二　四三　数該生子

三　四八七　瑞気融々景象大非前日

四　徒弟四人三人送老

五　三一二　哀々泣々正是刑傷

六　三十廿九　喜事臨門事業更新

七　三二二　月明不怕雲遮掩花艷何妨蝶採尝

八　十六七　事々添花錦栄華自可誇

九

奎章　遇馬之年方進步

一　　羊刃重逢恐有刀兵之害

二　廿一　爲所当爲後獲美利

三　　官至吏部上書

四　　三旬外入泮方合此卦

五　四千六百五　前途尽是通行路一任逍遥自在行

六　廿七八　瑞氣隆〻門庭吉慶多

七　　数有不幸应死非命

八　　好鳥鳴春東風暖入

九　七千四百　老來喪母之年

六千三百五十四六五　虎榜題名熊羆叶夢

一 四十七 四十八 無枝無求終身悠々富有餘
二 三十一 三十二 君子日更新相逢大吉人
三 二十七 二十八 浪恬風息正好行舟
四 六十三 六十四 不忮不求安樂悠々
五 三十 進士及第
六 六十七 六十八 閑庭餘崇月不管落花亂
七 四十二 登科之年
八 三十九 四十 進却憂顏轉嘆容時來無物不和同
九 六十七 六十八 清明花發正芬菲恨殺無情風雨催
奎真 金水之年弓馬入泮方合

一　　運至时行知君獲福

二　罡六　安心樂意出入隐地

三　　倚馬雄才到午年雲程發軔泮池边

四　垩　数訣生子

五　垩　進士及第

六　　兄弟十八中断惜离羣

七　罡　十事謀來九事成春風得意馬啼輕

八　　金水之年国李方合此剌

九　艽　当道有荆棘李步有滞碍

奎皁　木火之年弓馬入泮方合此刻

一 艽 紅日上三竿前程有慶

二 兄弟三人同父不同母

三 無端路遇一音知攜手相扶物色新

四 兄弟五人秦楚不同盟

五 艽 榮枯得失皆前定何必怨天又尤人

六 前妻生四子後妻竟無兒

七 五五六五 財帛堆積不求人上下欢悅物色新

八 哀哀泣血幾經年原來母先父後

九 數注双喜一胎生三子

六壬賣卜

一　歷尽殘般奇李術不如努作一星巫

二　罡　太祟当頭流年穩度

三　一祟為泉客徒增父母之悲

四　数有偏枯子当癸疾

五　真假六子三子送老

六　卅五六　水中撈月事皆空費尽精神也枉功

七　六九七十　圖謀順遂足暢所怀

八　圭　老來丧母之年

九　祖業命当招田基莫動搖

室覓十廿　五彩繩牽月老西眉京兆許張郎

一	五六	一隙之光可借明隙光难比月華明
二		四宫吉曜呈奇数注一胎生二子
三	廿一	利不可求動而招尤
四	廿二	犬生两口主有哀声
五	廿九	半而吉半而凶吉凶难倚
六		徒弟六人淂以送老
七	四九 五十	生計淂安然何劳憂与煎
八		当有三毋之祢
九	廿九 四十	山蹊久矣路盤桓行過山蹊路坦夷

奎三戹

一

二 五五六五 事有係理千头万緒

三 牡雞晨鳴不由雄不惧

四 六七五 灾晦消除晶自臻烟雲捲尽碧天晞

五 父母故于犬年

六 四二三 並蒂双蓮出鳳光共白头

七 八四 大数將停莫可为平生桔据化塵埃

八 四三 白虎炤命是年有灾厄

九 異路功名得授吏員之戢

奎三百三十四 鄉科及第

一　二　三 六七　四 四十三　五 六四三　六 四三二　七　八　九 六七　六三百千

初任知県再陞欽取
徒弟五人一人送老
阴暗既今方可言行
紅蓮初來氷花発正阳春
閑坐松明乗明納晩凉
明雲蔽日能便人愁
虽然富貴子嗣艱难
賢兒成鼎志終身可妥虞
西風忽又轉東風昨夜今朝事不同
兄三人樂奏登殿行

一　罷　且沉且浮事物纷纭未有实
二　丟　到处花開春色新洛阳不比尋常看
三　家貧百万休嫌少斗筲之輩我还高
四　命中有十四子淂以送老
五　圭　鳥淂其所飲啄自如
六　紊　花蕋初红風雨相催
七　芏　天与机会物有祥雲
八　承祖父而倍增荣晚年與發又加增
九　罳　七歲少三春萱花落暗壓
奎鼎　數有偏枯妻当眼目不甚光明

一　兄弟十人数有二貴
二　衣巾遂願不必他求
三　土年納音房父母生火年納音房父母死方合
四　一子午年生
五　六八七　既望之月其光漸藏
六　蠱命喪身前生注定
七　十八七　当年之四不堪聞彈出新声別有音
八　四三六　輕舟飄大浪時有浮沉驚
九　十三一　欲上高楼未有梯不能挙步上扳躋

奎三章

一　廿九　三十　指引得以相應轉折從心

二　五七　五八　寒風消除煖風生梅花枝頭見楊春

三　官至千總不能高擢

四　兄弟奉兩家之祀不离本族

五　廿九　三十　事機宜謹慎方免是非憂

六　卅一　卅二　次第花枝雪裡開夢魂應不染塵埃

七　廿七　廿八　百事和諧五音叶律

八　有子先棄世賴孫而送終

九　八七　八八　平静無風雪

奎亖皋宍　黄泉無客店今夜宿誰家

一 謝却人間事紅塵不染心

二 粟陳貫朽幾年餘富似陶朱苦拮据

三 卅九 四十 間着棋秤消白昼斉覓未经懺脫紅塵

四 六九 七十 烛影輝煌熖耀西堂

五 数注其八田園廣厚一生快樂無边

六 卄三四 好運交來事得宜無心財聚可乘机

七 四十一 时気相侵流年不利

八 四十三四 可憐日壁染風塵仰問蒼天惧不平

九 卅九 四十 人事相通内呼外應

奎三度卜

一 四九 五十 欽命典試

二 欽授千總數由前定

三 亥年吉星照文場領袖青衿換布衣

四 以貢而選經歷數由前定

五 五三 登山力却大有掙挫

六 五五 五六 到此數已停秋風無恨別離情

七 五九 六十 座中無物不清凉別是人間洞府香

八 六一 六二 欽命典試

九 四三 右財左財無心神自祐

十 三三 治家有法冰清玉潔

一 四十二 整頓行裝不負良晨美景
二 田財二曜精奇數享万金之福
三 四十三 迍迍未可言步步若流連
四 四十五 六 步步履泥途挃挣費躊躇
五 結髮未能全並老再婚夫婦得齊眉
六 精干医道不亞儒術
七 总是一凶之元老原是蓮花頂上仙
八 廿三 当逆風而搖檝未轉其帆
九 三十 春而復夏又秋冬寒暑更迁事不同

六十三百卒

一　孟姜送罷寒衣後万盞傾樽醉自知

二　十三 四十　去路茫匕不可知貴人指引不迷途

三　官至知州不能高擢

四　时至出头地廪膳自天來

五　结髮未能全並老重婚夫婦許生兒

六　四十九 五十　悳厚敷施政平公理

七　文昌詞畔有猿啼一領青衣换布衣

八　命如浮蟻死在一週

九　十七 八　春寒秋热光景無多

十　六十三卒　其人有心善医能濟人

一　甚　海棠着雨淚濕胭脂
二　卆　数訣生子
三
四　四九五十　兄弟九八同爻不同母
五　四九五十　交差爻差門前綠竹尽生花
六　五五六　兩曜相扶当展其用
七　罡　光点紅灯匕已闌長途暗裡有难难
八　罒九　惟听鳥燕啼春雨泪沾衣
九　外提多足能自至青蚨多翅也飛來
六百　朱提多足能自至

一 四九 五十 知足謾無足鬼神驅使悠悠晶

二 君家要出人头地异路功名可称怀

三 廿七 八 年七花発春光右花發今朝開得早

四 五九 藜杖相扶得过桥昨朝霜路未曾消

五 五 六 安常之晶無日不足

六 問文不足問武有餘

七 兄弟十二人終断骨肉羣

八 十一 命带得軍箭十二便亡身

九 前妻産二子後妻竟無兒

齊 廿一 喜逐無喜逢凶不見凶

一 十二五六 災晦潛消官事伏平安有慶無拘束

二 承蔭父業偏途可望

三 廿三 造化有循逐春風掛牡丹

四 四四 鄉試中式

五 不從文武科中出應陞總督一大所

六 三五 朱衣点头得宴瓊林

七 四巳 弥縫不及又弥縫繼若謀成總是空

八 六五六 和氣克臨流年順利

九 子息未必運俱齊有人蹇滯右人好

六四三十四三 春深魚游潛躍自如

一　守持之戒名曰上僧

二　卆九　登山足跛力喘兩上

三　官至總督惜乎不能拜相

四　干　一李動迷于惡夢

五　世　顏子少一春一夢見閻君

六　㐂六五　芍藥開時又遇風凋残無限錦叢中

七　芼　運至时来行看富麗

八　六十　名登金榜

九　艽　鑿路可通修行乃有功

六千百三十六七　敗雜無常進退有損

一　　財帛豆有滿而不溢

二　畜　年逢古稀壽有四別却陰問去

三　　兄弟十一人數有五貴

四　壽　乞事得安舒欢然得自如

五　蘖　乞負是亦乞非光陰漸々移

六　　豈然武職終須革去

七　　父故辛金年方合

八　　一子虎年金方得合利

九　十　江村三月景処々绿陰濃

奮尋　耗　栖止得所避風日午

一　莫咲凴唐無晚景期君老運享榮華

二　去　命犯白虎夫当受尅

三　柰　天喜命相逢往來最有功

四　又陞千總

五　山坡前有挺杖幾爲所害

六　[illegible]　翁姑先死婦之不幸

七　籴　進不進兮退不退進退無常乚似醉

八　着意圖謀總是爐無心之処淂成功

九　宾　枯木逢春之象

[illegible]　兄弟十二人同父不同母

一　廿五　上苑春花遍錦叢　匕逐風隨馬啼
二　四九 五十　數遇純阴文晝尺二
三　五十八　心之憂戚履步未舒
四　八十六　亦算平穩
五　五九 六十　露色溟濛雨遠人未及回
六　中年芹採青雲路再積阴功桂可扳
七　五十八　安然無事納禎祥幾朶梅花扑鼻香
八　六九 七十　雲秋風靜日炤沵閏
九　問君阳年何日止六旬加五是归期
六十四卒　経史飽飧归国李阴功積可到蟾宮

一
二 七五六 浔個漁翁指路迷天台不遠又何疑
三 七示 天生天奪增父母之悲
四 問利三旬之外方浔遂意
五 食祿千座作文家之泰山北斗
六 七五六 家室欢樂事納禎祥
七 仐示 凍已消除日漸融池边楊柳美輕風
八 初任百総之戢
九 大六 死夬一对两分悉自恨良人不斉眉
六壹千畐 流年順利

一 罜 常蹙眉头欠利多憂

二 兄弟十一人槩幾般音

三 卆八九 立之堅固未可搖動

四 兄弟四人終断惜離羣

五 㐂 作事蹉跎其年破局多

六 一手受傷命中帶耒

七 至 一番好雨阳春眼見江城景色新

八 妻命本局本金年便娶妻

九 亖 春色正可人依匕青輕緣

六壹百个

一 卅 江山春色未全來滿樹隹花風雨催

二 金土之年國李木火之年得貢方合

三 𠅫 日破其財耗神接踵來

四 共 崇君多逢蹇地西風洒淚戔行

五 半作田東半作漁一也衣祿自無虧

六 𦫳 官訟相連破耗憂煎

七 数有七子得以送老

八 勞力勞心勤且儉為儒者半為農

九 豈曰文章入泮其實弓馬為先

壹覔十五 緩步而行坦然無阻

一 南陌田疇耕暇日生涯著力即營謀
二 三五六 喜氣盈門家室安寍
三 三五 知君加一崇卜君是行程
四 六三五 王都色帶春得意馬蹄輕
五 再任催官
六 四三 求所不當求空餘未了愁
七 一生竭力躬耕去南陌西疇望崇晨
八 三五六 楊柳依依環綠堤
九 忿氣莫伸終爲喪身
六三五四

一 嵩 年逢古稀零有四夫别阳閼去

二 罷 九天開雲干山秀色

三 五十四九 晚景亨通

四 徒弟七人淂以送老

五 𡘜 再轉京台登大用官归傳閣肅風霜

六 創立規模総是勤十年前事一書生

七 至 难逃五十二明說与君知

八 五十六 吉利擁門財源日進

九 以監終身結一生之局

六十五百十 数有六子淂送老

一　勤儉持家衣祿足旺夫益子寿元長

二　将君一箭最难当三崇孩兒身便亡

三　七十二　夫宫有寿别之亦苦

四　六十二　老来又精神枯木又逢春

五　以卒八而選知県数由前定

六　父先故于水年毋生年局火方合

七　妻生三子妾生一兒

八　廿八　数該生子

九　四十三　子規啼落楼古月一枕鸳央梦不成

十　六十五百四十七九八十　不出尸庭扁自来尋

一 罡 不足不駁雜相逐

二 命帶暗杀三祟而亡

三 有子惟宜先抱女原来有数定先知

四 人有黃金滿玉楼我有妙術度春秋

五 罣 当宴鹿鳴

六 兎走馬跌領個青衿換布衣

七 未嫁夫先死女之不幸

八 前妻三子後妻無兒

九 奎 絺綌遇寒凬时当有待

十 [illegible] 古鏡塵蒙晦而不明

一 再陞知県

二 年至五十三不得五十四

三 𡗝 洛阳三月景色光满目繁应接忙

四 五句外喪親方合此刻

五 时至出头食廩禄運逢釋葛宴鹿鳴

六 卆 夫别阳関去千愁万泪行

七 丗 春日凝粧上翠楼幽人无事樂優遊

八 紫 小雨暗前山春风尚乍寒

九 寿 时行平穩微恙不忘

奎亭垂 当止則止

一 刀賛夫君早晚忙 淑賢爲助得安康

二 兄弟九人中断惜离羣

三 畐耒有根基 光阴全処不相宜

四 兄弟四人先一丁

五 刀夏耒时缘明 濃荷花出水見芙蓉

六 一卷残经誦未完 跡林月色満蒲團

七 廿三 廿四 经歷之戝名堪畀路

八 五九 六十 以貢而選知県 数由前定

九 危桥之下嶮难言 桂杖相扶得周旋

六三五三五七四

一　苍　謀事不吉謹慎而行
二　　数帯有二室乃结红紫
三　罡　百事謀未総是空数中逢絶必傾身
四　卅　晴光烈日已昇无限春光在江濱
五　　桂子结成一枝江風吹折在数中
六　圭　断而不断有神扶一線有路莫残園
七　茊　喜事從天降桂子结成双
八　羅　路无常直運有得失
九　茊　服勞皇家厥有成績

玄壹頁卆

一 五三七 且自慶晚年春光在眼前

二 雁陣成羣原非一母所生

三 叨祖宗之庇得蔭百總之職

四 五十零四当止則止

五 立志堅剛不隨流俗

六 以武泮而選應数由前定

七 六三五 天符相炤是非不宜

八 得傍貴人可成家原未数定注不差

九 六七八 軨裘帶匕威權足重

六三五百十三四 腐草得雨生意自成

一 卅九四十 桃花流水透天台浔個漁翁指路来

二 卅七八 房考之年

三 身作白雲客子当拜聖君

四 父故于水年方合

五 廿三 名登金榜身宴琼林

六 卅三七八 浮雲捲尽月生阴轉眼雲開月復明

七 財帛有餘勤儉此浔

八 四十三 菽粟有餘財廣地僻

九 四十九五十 房考之年

夳賣圭 夫别閑去亦是难為情

一　数有八子淂以送老

二　金水之年国学方合此刻

三　芔　破財不安流年不利

四　勤儉創業財帛自足

五　罡六　不費精神事也成運來相湊喜相連

六　傍道人之道濟世問之人

七　喜逢黃道日禀膳姓名香

八　千金空淺儉裡淂裕後見孫畐自緣

九　芔　时未相逍入轉咲容

亖亮壺亖　運有傷殘刑及妻房

一　　能剛能柔万事之樂
二
三　奎　暮年爲政漸入佳景
四　　先憂後貢前生注定
五　罡　極力經營及見盧順时是良圖
六　奏　鄉科中第
七　　一子兎年生方合
八　莁　天喜地悳家門吉慶
九　　復任知県
奎首是六莁　水流花落多少憂愁

三

一 卌五六 樂極反爲憂雲行水東流

二 數有九子八子送老

三 当有四母之称

四 廿一 前途沉吟天心未必合人心中途事業更沉吟

五 兄弟十二人數有二貴

六 三十一 扇自天來不自人爲

七 四百三 春秋依田月月加常

八 二百十 鼓盆之悲在于知命之年

九 兄弟八人秦楚不同盟

十 二十九 三十 禍患接踵來幸有吉人相獲

一　五三四　平章百姓百姓昭明

二　刀任有司再陞欽取

三　若問阴生何日止一程直至六旬餘

四　一五三　風捲灯花暗又明搖匕不定影縱橫

五　五五三　晚年生子之喜

六　四五三　当爲招爲運有不齊

七　五五三　晚末喪夫之年悲也

八　五三一　安步前驅不必費躊躇

九　命有千金数安享㝵終身

十　六六一　貴反出嫁先天定数

一　𠦃五六　処匕不舒眉度日强支持

二　六　天折数中定黄金買不还

三　和九有義方当作貴人母

四　水火之年剋妻方合此卦

五　里　居易以俟不行險以求

六　命中系重当刑七夫

七　圭　日行中天何期羅計掩其光

八　数有不幸兄弟有死于非命

九　十九二十　新竹蕭匕嫩柳叢庭前蕩匕物華濃

壹亖三亖　老椿已被風吹折难免三年泣血悲

一　十五六　妄憶全花難以入手

二　六十五九　崇月漸黃碧天映冰壺之欄

三　六七十　大風扳樹木災害並至

四　以監而遲知真數由前定之

五　卄下　災毒相侵吉神化解

六　六十三　其年夫死婦之不幸

七　六七十　知巳所托可息肩不用心神問往年

八　兄弟五人數有三貴

九　八四十　兎子巢中夜有光主人不必問行藏

一　問君阴年有幾許百有餘六

二　以貢而選知是數由前定

三　卅　子結二枚

四　卌七　花開遍錦叢多物不茫容

五　子結七枝三枝送老

六　廿六　寿数今朝不可延幽魂那墜入黃泉

七　雁陣成行原非一母所生

八　仐　晚年生子

九　爲人夜眠早起勤儉興家

奎六亶辛

一 五十九 命生不辰幼年失恃
二 六十 舟楫总在波涛湧浪实可愁
三 廿九 三十 好事多逢君子道是非莫听小人言
四 五十八 攙開天上雲千里棒出波心月一輪
五 三十五 繚亂鬢髮玄心理沉吟朱戶懶重開
六 一生殘成幾敗幸餘筋骨
七
八 𡔕 命已去矣何用再查
九 十三 好花未開連曹風
十五十六十四三四 清淨無爲之时

一 廿五六 前逆波浪未恬靜吩咐舟人漫着篙

二 廿九三十 兩足溪澗之象

三 六十二十二 眉头欢展咲顏開祿馬相扶自未

四 五十五六 花前目下听高前平坦康安益意多

五 借問阳年有幾許百有餘祟

六 五九六十 耳順之年事不安憂怀未可对人言

七 廿一二 浮水生香

八 四十一二 一步高末一步低高低之处有踈虞

九 十一二 骨肉相辞恨無憑幼年洒泪漫沾衣

圭章

一　五千二　子死妻亡实可傷臨門二孝斷肝腸

二　六千二　乍雨乍晴雲裡月半開半落雨中花

三　十六千　十崇母亡幼年之咎

四　六千二　时逢恩星当貢之期

五　恐尔之寿未满三旬

六　四五　鹊噪鴉鳴吉凶未定

七　兄弟十二八数中不爽

八　十五六　雨滴花階凤毀燕房

九　十四　途有荆棘進退难行

六千六百全二　憂驚成病總堪悲独行遅遅不見归

一 廿九 四十 大小咸寍春光可人
二 四二 三一 歷尽崎嶇徑多少虛耗
三 四九 五十 瞻前顧後素位无咎
四 兄弟五人數有一貴
五 五九 犬生兩口孝服之憂
六 卅二 財未至今君宜守何必徒勞
七 官至府判不能高擢
八 四二 四三 十件謀未九件成人逢好運便前行
九 廿八 生子之年
奎卑 卒 名登桂籍

一 卄五六 牡丹開得精神足，会見全收富貴春
二 圭 前有羅後有網行人進步有彷徨
三 卅一 大道烟笼行人不知途
四 廿九三十 求魚遇清水未能快所怀
五 衣食有餘过歲月看未暇豫樂晨昏
六 充 数該生子
七 奎 頼頤復以妄虞
八 歪 安分求謀不用貪動則悔尤靜則安
九 廿九三十 欽命典試
夲七是 陳弦已換当年旧曲不如亲

一　芲　春風八我戶百事俱叶吉

二　　　無端生有結乳脂世門手藝有高低

三　卅　春夏秋冬財源匕東西南北路皆通

四　窯　寒熱無定喜慎同度

五　尭　宝鏡前粧曉月紫衣上綉香雲

六　蠹　風捲禪灯暗又明一明一暗

七　窩　夫別阴関去手愁泪方行

八　罒　数該生子

九　弄　年逢七八恐度鬼門関

十　垄　大数已定

一　五三四三　顛沛轉為安頼有吉神祐
二　七三四三　入亦安然何必問往年
三　再任知县數中注定
四　五三四三　吉凶本在天遵道而行自無咎
五　三旬外入泮方合此刻
六　五三四三　無已有已不須問閱已愁已自在天
七　五九六十　小盗大虧得不如失
八　妻生二子妾自無兒
九　五三三三　財從勤生利從廣積
六七二四　數該生子

一 卒 大限入黃泉

二 毳 瑞气洋匕閨門廸吉

三 寿元百有餘祟

四 空 常納禎祥永吉无疆

五 曐 霜落風嬌花无色色

六 壵 豐盈淂安然不必問往年

七 罡 鄉科及第

八 室 夫死之年婦之不幸

九 勤儉持家衣祿无虧

奎壹卆 已年蛇走文場泮池芹草生香

一 六十五九 强梁绕强梁稳安自然安

二 共 貞足幹事自保其宗

三 刑尅爲期憂及五妻

四 数有七子淂以送老

五 四八 当宴鷹揚

六 五三六五 爸之今有定前途当捷径

七 五三 欽命典試

八 四六三五 行尺泥塗多少难将未安步渡関山

九 数止矣

六三三頁六十五三六五 千里崎嶇千里平行人跋踄漫消停

一 五千四百九十 吉星相炤流年順利

二 五千五 山高水深到此难行

三 千二 春回阳谷暖万物自生煇

四 命有八子三子送老

五 千三百二 富祿由天降財源与日新

六 十九二十 花正開时風雨多冷落凄凉多挫折

七 四千三 淂逢知己好相求寬裕營謀不用憂

八 六千五 初阳出林表曙色炤堂前

九 先丢慈母縫針線惟有嚴親在後归

一 芸 得之有必失之玄意

二 尭 老年喪夫婦之不幸

三 罷 退財归林安然樂意

四 齒德尊必入鄉飲

五 陞迁県丞貴人提携

六 一子送老偏房所生

七 罡 紫微星炤官至迁陞

八 素 骨肉有刑傷秋风泪两行

九 罜 君家注之四旬零数到黄泉恐不回

奆貢千三四 暖律初一日前来景色新

一 結婚自有梁鴻遇双配佳人到白头

二 四十 断絃之憂

三 三崇喪母莫大刑傷

四 廿九 未滿三旬不幸短命死矣

五 廿九 三十 吹氣揚眉縱横如意

六 廿三 廿四 勿以風光比旧年風光不再旧年同

七 廿七 廿八 朱顏温潤緣鬓更新

八

九 以貢而選知县人之大幸

壹百七十七 壹百七十八 劳心劳力總成画餅

一 罡 有了当及第
二 毛 不須問後来已足渾天数
三 兄弟七人同父不同母
四 罡 光阴曹烙失常堪嘆
五 兄弟七人中断惜离羣
六 蒀 快樂㝊極毫㝊費力
七 卌 凤捲灯花暗又明搖乜㝊定影縱横
八 数有四子得以送老
九 壽 財帛隨人勃然與發

奎七頁

一　大運分明就轉來只因人事有徘

二　一子龙年生方合

三　天滿四旬竟往西行

四　一重欢喜一重驚道是无情都有情

五　卅六五　吉星相炤喜事重來

六　四六五　三阳方來氣運相轉

七　卒　祇園宝樹晚景生春

八　卅六五　荣華樂意畐祿悠㷋

九　乇　骨肉有刑傷西凬泪两行

夳乇亰卆丟夫　花甲欠二春大数已止

一　初任擲拴大所

二　罢　今日清明整鈞絲得漁沽酒樂怡々

三　東手徐縫西手顛倒

四　防禦之戰數由前定

五　芒　家室康寧事納禎祥

六

七　芑　敬以造事克享厥成

八　五十年來事未消如何我寿寂寥々

九　丟　碎不多时却又圓殘沓挫折在身边

空亡是卄五六　时運未未進退不如意

一　三示　啾唧知不免莫
二　罒乇　勿嫌禍有胎窮通命所訣
三　六崇喪母幼年不幸
四　五三　碩菓不食君子得輿小人剝芦侚有一湯之吉
五　芁七　遊竿東海已数年一旦（缶）心得巨鰲
六　五芁七　惆悵復惆悵財運未堪羡
七　夲六　一別万古愁綠水青山空悠々
八　卄三
九　　雁行豈有序原非一母所生
夲會百十世　官不休耒私不休安常処順晶悠々

一　兄弟八人同父不同母

二　廿九 四十　時逢大有内外安寧

三　五十 六　時到中秋月朗圓雲生簇簇恨無憑

四　卅三 四　春殘花老景物憂愁

五

六　花 八　道路多泥溋行人多傍徨

七　六親喪父幼年不幸

八　十一　芳草遇春風前村綠蔭濃

九　水土之年宜配妻方合此刺

十　會辛 廿三 四　斐然成章未遇朱衣

一　廿四三　楊柳風前最可思迷篙烟雨鎖柔枝

二　罒乇　数訣生子

三　罒四三　当时有爲事乃克済

四　廿四三　循分而動々無不吉

五　　猶子送終々天涯之

六　廿四三　無可喜無可樂名曰寂寞

七　　木年吉星炤姓名列庠序

八　　数注命喪虎狼須死其身

九　夻三　日月曲明万物從容

奎直孚廿六五　軟風吹小舟安稳可無憂

巳集

一

二　　一子送老先天注定

三　卄八七　流年有坎坷人事可奈何

四　五十五　六九加一数将完

五　卌八七　大小安康畐祿天降

六　　年滿一百命惡不留

七　廿二一　運眼轉时眉头開展

八　　妻生二子妾亦如之

九　　其人不滿二十一不幸短命死矣

六年命章

一 罜 数止矣

二 丗 富貴如金昨夜看五色炫目守偏長

三 丗八 機会順從事偶然行見今年勝旧年

四 七九 八十 曉日五雲高華筵集寿桃

五 奆 数該生子

六 丗二 際遇非常春花到処香

七 数有十子六子送老

八 罒二 觧放愁眉春風緑柳

九 罒八 卿榜題名

十 拿 十九 二十 頻〻遇吉祥流年之慶

一　五五六　謀之有功日匕春風
二　命犯孤刑
三　二十十　多因風雨花冷落欲渡清溪欠便船
四　五三二　駁雜無端眉尖交戚未開顏
五　操守有節行藏不苟
六　本身出家原來數定之
七　廿二　喜氣上眉太平樂事
八　兄弟六人数有三貴
九
六六四六十五五六　和気納禎祥遐齡慶有常

一　十七十八　喜気盈匕家室和平

二　十五十六　暮景多憂心不安

三　十六　木已凋奈若何只餘涕洒泪滂沱

四　五十九　花甲欠一春此是君归期

五　十三十四　已到高山又一重佇看阳和景色濃

六　卅一卅二　文昌炤命数談入泮

七　六九七十　古稀之年官非耗財

八　廿九三十　房考之年

九

十　四十五四十六　福曜正炤燦然光耀

一 𡔖 享平安之畐絕門外之囂

二 五九卆 動靜有常好景相送

三 兄弟十人樂奏幾般音

四 廿

五 垩 万斗香風生綉戶一輪明月照闈門

六 罡 尋師訪友岳往不利

七 卒 甲子一週必寿數不為夭

八 垂 子登黃甲

九 莊六 太平身耽眼前奏捷音

奎會卆 逢匕之年方進步

一　五二　春風阳氣景物自如

二　四六　日轉南樓夜未光子規啼処斷肝腸

三　廿六五　若遠若近依稀行程

四　学游一技好手藝无人敢向前行

五　十八七　雲開見太阳行人樂无疆

六　五三二　时平順时平逆 主灾困

七　魁子生子喜慎同度

八　三十九　房考之年

九　四五六　東君一夜轉阳和惟報今年喜气多

十　六見十四三　炉中伏火黃金消煉

一 廿九 三十 演武及第

二 廿八 韶光往來人事得失

三 廿七 鄉科及第

四 廿六 四十三 一個青龍并白虎數声喜鵲与鴉鳴

五 四十九 五十 窮勝盼于中天極娛遊千暇日

六 金年剋妻火年再娶方合

七 癲瘋之疾前生悪根

八 其 不足于心事多拂意

九 三十 少年剋妻悶之如何

亢覓 廿七 数尽归西日花甲加一春

一 七三四 悠然玄事饒生趣

二 五九 六十 暮誦朝哥唱太平之曲

三 圭 嘆君寿土花甲有二春

四 廿六 流年不利多困多滞

五 时逢底績家門赫奕

六 命帶文昌天登金榜

七 啾唧唧不免

八 四十二 辛勤日夜費精神时轉如今物色新

九 此刻注之泰真入道水土年方合

六百十三 五六 春風鼓舞意相洽

一　祖業淺消數內先注
二　病艇休泛滄海泛顛車莫向大行推
三　宍　數訣生子
四　四子送老三子挺秀
五　十九崇　九崇十崇路坦夷春月遲遲裡
六　卅九四十　憂悶既覺爲安樂夢憶昏今始明
七
八　甚　際遇既亨事多就緒
九　罡　貴人扶手提携事乃克濟
一宅卆章卆　數該生子

一　卆　悠然無事饒有生起

二　六五　梅花吐秀方卉争妍

三　数中註定之耽受帶子

四　三十三　事乘淺意外破財不安然

五　三十　花蓝初红不怕風雨

六　兄弟十人同父各母

七　五九 六十　惆悵復惆悵年来運未来

八　四十八　夫命有刑傷婦之不幸

九　兄弟五人同父各母

亥百三十　岀太学來晚亦可作家珍

一　四三四三　西餅难充飢行藏不相宜

二　五五六五　征馬板桥霜露冷行人巫峽浪波

三　四三四三　連宵風雨阻行人今日晴明趁早行

四　若問寿元事六旬有二是归期

五

六　廿三四三　吉曜相炤人物和暢

七

八　廿五六　缭展綵綸獲

九

亥九卓　命帶血及関觧祷目安杰

一 兕 流年不利当有灾晦
二 垚 一去不能返幽魂入黃泉
三 三祟啾唧不安宁
四 垂 謀事順利謀謀有益
五 囀嗟之戢必有变迁
六 有妻当活再缘落不相宜
七 罷 笠端百舌閙枝头悢报東風人在楼
八 乍 年寿七十而止
九 垂 房考之年
十 亥亘垂垂 鄉科及第

一 卆 数訣生子

二 罡 運轉时来图謀有益

三 甚 父死之年三年泣血

四 青衿有分淂失無常

五 芸 喜吉之象

六 里 哥舞楼中声寂ヒ今朝别去旧时亭

七 啇 耽受学校

八 数有徒弟淂以送老

九

奔草卒罡 晶来人共慶咸道好春光

一　官至执事

二　十一　朦朦胧胧安飽之中

三　数止矣

四　卅　小宋应占二子百得

五　廿一　物情得宜春風桃李

六　坴　天上玉書昭地下失英雄

七　甲　有利無害其人吉祥

八　夾　老年生子数有所致

九　官至御史荣归西堂

亥亭壽　知心可托堪息肩不必憂悶問往年

一　　數止矣
二
三　五七　數該生子
四　廿四三　快樂無求順利圖謀
五　卅　吉亨之象
六　帝中一王侯羣衆軍機謀
七　八十七　勁力蒼松歷霜不改
八　造化顓蒙起設帳訓生徒
九　五十　壽止矣
六千九百八十五三　瑞氣融和景象大非前日

一 四四三 人間五個字斷送壯年人

二 三八七 閉戶靜坐避凶始宜

三

四 五六五 數該生子

五 命中祖業難守离祖始興家

六 六三 南柯一梦

七 温匕恭人惠仁厚丈夫心

八 卅二 無边红紫天地阳春

九 廿八 否泰相逢大往小来

十 六九百七 已悟空中色方知色是空

一　坴　南柯一梦在此年
二　芏　吉星焰閭門動止皆有則
三　擇賢妾方出身偏房
四　垂　大數已宜天命加一是归期
五　芢　柔能克刚斟酌而行便有功
六　罡　貴人相逢事〻有益
七　芢　野酒春花処〻香風流常醉樂村庄
八　受太上老君之訣斬阴間邪鬼之魂
九　性急作事是非多倚賴高人奈若何
壹

一 姜君雁塔題名早应在朝中作棟樑

二 五九 六十 五九 利見大人錫我荣昌

三 振祖宗之箕裘啟後人之厚業

四 四十八 上林花發千家錦粧閣梅開万戸香

五 爲人心急性堅刚威風凜凜志昂昂

六 廿一 只說子規啼过了誰知还在隔林棲

七 棠棣双双三五樹七枝七葉共一根

八 結髮未完諧老願命中惟帶一孤神

九

七〇十 七五六 坐山莫莫頻回顧忽見南山有白雲

一　廿九　三十　少年宜努力老來免悲傷

二　六十四　濃陰之象未悉晴明

三　其人寿穷数尽

四　前運不貧不賤一生衣祿无憂

五　腹蘊万卷之書足步青雲之时

六　五十四　一石打通名利寨劍光直射斗牛墟

七　土木之年進庠金水之年恩貢方合

八　数有九子得以送老

九　四十三　囊中有物宜收拾暗有羣邪合伴謀

享　卌三　花色不鮮因雨久月華不以乃雲遮

一 廿一 生子之年

二 老椿先被風吹折暗自淒涼实悲傷

三 金鱗不是池中物一遇風雲便化龍

四 為人踈財重義能舍短而從長

五 孔怀緣分少孤雁往南丢

六 廿六 一曰禎再曰祥

七 五九 六十 晦氣消除人事安平安清吉昌如常

八 釣而不剛当仲尼也

九 数有十子送老為奇

七千〇三十 問名虛而难成問利实而有益

一　半簾風捲楊花舞溫飽晚年樂有餘
二　万里乾坤双行李百年世上只单衣
三　偷去三十六減少與家
四　仝　凋边老松偏耐風雨
五　一名真造化名列国孝中
六　三十九　日行中天阳回宇宙
七　卅二　任謀容用宜潛藏送理非為恐見傷
八　卅六　謀之克諧縱橫之徒無阻碍
九　结髮未完諧老頭夫妻再配得齊眉

七千四甲

一 阴阳炤命恩自九重来

二 姊妹六人方合此剋

三 畐星炤耀蓑花绝塵

四 数有九子得以送老

五 文星塲畔有化龙身着藍袍入泮宫

六 芘 扳桂蟾宫遠採珠出海波

七 托祖宗厚業受用終身

八 身居禪院地亦得沐皇恩

九 兄弟四人同象不同声

十 弦断再續不止兩度姻缘

一　罒五六　吉星相炤家室安寍

二　杜甫胸流之峽水功名止許一青衿

三　廿五　慮善而動々无不臧

四　罒七八　虱符炤命閨中恐有是非來

五　入贅成婚數由前定

六　大征出旅威赫々清光入陣志揚々

七　為人舌直肝胆安然

八　廿八　阳氣方昇晦來明潛龍勿用

九　六七　阳春回谷方物生輝

七十卒　不圖月殿扳丹桂只效兼曹更名揚

一 休嗟榮辱生平事老景安閒逸興高

二 留 咸亨利貞坤人吉慶

三 一生無大患到底得安然

四 兄弟四人中斷惜离羣

五 豈是聰明果讓人早崇淹沉恨無憑

六 弄 石澗蒼松暮鼓晨鐘清風明月其樂融

七 操持未久鬢先班一点雄心尚未閑

八 閭列旌旗显名威虎豹門

九 罕 斯时称孤子方当不幸

壬〇午 佈地金棠滿祇園安享富無疆

一　四六　麟趾呈祥天下文明

二　一四七三　富自天來不由人造

三　五九　天地交泰上下志全盛惠大業富录去劳

四　抱千里之才終朝知遇

五　六二三　一年二順老來之榮

六　四六五　至哉坤元幽人貞吉

七　廿三一　如龙至淵直上九霄

八　六十五九　似流之至都自安然

九　莫以有女見嫁数中原無子息

十八　六二　登科未爲遲

一　親生之子皆成雙　式穀之兒送我終

二　芸　紅鸞相炤配夫之年

三　有分功名宜泮水　时來足下便生風

四　𦬆　时未至兮君宜守　發財發畐自有期

五　六　天桃且欲圖顏色　嫩柳如今已發芽

六　五八七　千里片帆輕　浪平波不驚

七　窮年九九且窮年　金馬招纏各有时

八　韜謀超管樂　演武勝孫吳

九　芒　暗室潛修　畐炤点头

十三〇九千　逢猴之年方進步

一　圭　桑榆暮景柰松柏耐歲寒

二　罡　堆金積玉享福过人

三　宝鏡生塵暗处多欲要光明再重磨

四　祸祸呱匕已丧親泣血親嚎承重恩

五　䀁　解組誰逼

六　丗　見尤在田利見大人

七　一子送終挺秀之兒

八　籬菊独舒元亮與江蓴忽起李思情

九　丗　上苑花開向午艷色逾鮮枝発葉茂

亖百盐六　雲淡風軽景物澄清

一　　淸〻品格樂襟怀
二　　借問一生身外事遇牛之年是旦期
三　　此刻生人死于金水之年方合
四　　雲山高聳孤雁高飛
五　廿五六　漫道魚竿絲綸弱釣得金鰍已上鈎
六　　有王佐之才無管民之畧
七　　有治世功名之望無科甲兩榜之榮
八　廿三四　步履無從先憂後喜
九　四七　灼〻宮花多喜〻輝〻意氣色揚
十　四七八　悳厚業廣運到人康

一　廿五六　漫道西湖好亦有路崎嶇
二　壬子之科鄉試中式
三　卌三六　厚礼畐神之所着若幺若咎其所欲
四　廿四　憂而不憂堪咲盈虧
五　金年尅妻水年再娶命帰木方合夠肓
六　四九五十　飛霜堅水太阳一出便薰人
七　勤儉持家衣祿足晚年跨灶乂見郎
八　卌六　人間欲避凨波險一日凨波十二时
九　廿六　順利畐相隨禍灾永不侵
圭百二十　金門听玉漏新日皎永壺

一　濃匕連夜落先壓一枝萱

二　聘妻未識妻其妻已死

三　兄弟四人數有一貴

四　卌七　生子之年

五　寿元八旬足矣

六　十七　畐寿安然有爲克濟

七　八十七　笄意之淂先难後易

八　十九二十　皆因風雨多吟落欲渡清溪次便船

九　正妻不结子副室有兩兒

壽　美意持家旺夫益子

一　乙酉之年三塲捷報
二　四六　名登黃甲
三　廿五六　花開正遇春三月只遇狂風夜雨飄
四　世　破財不利大耗入命
五　三子送終先天注定
六　丟乇八　如入深山平地湧出黃金
七　問名三旬之外再手可得
八　子來四旬之外得之始实
九　三子送老一枝挺秀
十　命犯孤刑男子不齊

一 甲 至今賭不省耗去許多金

二 亖 一樂之晶晚年足欲

三 卒 明月半窗虛清風一枕凉

四 芸 春風滿面啾喞一空

五 甚 春風浩蕩沾晶厚財祿于今亦自豐

六 正室妾子副室一兒

七 罡 英雄際会时有可爲

八 共 數該生子

九 圭 今朝裝束离塵去一嘆長声归白雲

壴孛 徒弟六人得以送老

一 姊妹二人同父不同母

二 卄五六 上山多費力有樹可扳枝

三 仝 笑殺從前总是空今朝别去又何如

四 木年火年 王破財方合

五 罒八七 此时奐發失少湻多

六 丗三 鄉試中選

七 茁 進五退四只湻其一

八 金木之年 王破財方合

九 所親者正人所取者又義

七千二百八十

一　注定坤人乏姊妹閨中独秀稱大奇
二　軽投人爵修太爵遠寄清雲伴白雲
三　廿　一日晴明一日陰〻暗乏定好憂心
四　由孔孟而入孫吳名成其身
五　命受兩妻火命木年娶土命亦木年
六　⿱罒乇　母赴瑶池三年泣血
七　姊妹六人原有定数
八　不幸二親俱欠寿自成自立苦伶仃
九　不堪耗散归人手區〻有口不能言
十　⿱王阜　⿱罒六　大数已定

一　卅九四十　雨水刀收日没紅梅花香裡逐春風

二　廿五　檝愚東壁上西風落葉滿天愁

三　終身数定榮枯事梅花雪綴可知春

四　廿九三十　知進知退居安慮危

五　三雁同飛各一方

六　卅二　将軍逢桥斷險路

七　借問一生身外事遇鼠之年是归期

八　卅二　爲親归西人子何恬

九　数定多生子单生一女傲成家

壹千　三千　松栢秀茂

一 卌 洞庭月色轉西廂一曲簫聲憶鳳凰
二 卌 幼年失怙莫大刑傷
三 卌 雪遍琼瑶白滿楼台高十丈 主喪服
四 自有高人輕借力一生衣祿永無憂
五 卌 鴛央戲水面花落又花開
六 卌 急水孤舟片时又遇打头風
七 卌 安靜且無營思求亦有吹
八 卌 会試中式
九 官至李院栄归西堂
十 卌 無憂目下事難濟借力輕之運轉时

一　十九　将星炤命弓馬入泮
二　二十　身出偏房嫡庶有分
三　飄飞風吹玉露濃一双鴻雁嶺南來
四　易日数止矣豈不惜哉
五　芢　身入泮池
六　罷　一番思度一番憂事欲憂时便可憂
七　卒　老來致任归山隱一片孤舟心逐水流
八　苦　生子之年
九　廿　優游乡事日滑亘目多时
圭亘足甲　四十年來運轉新貴人指引倍亨通

一　去文就武披策入泮宮

二　芸　好花開浔錦叢ヒ天氣人和樂意濃

三　大数已定之不用再查

四　辛苦之婦何当命蒲

五　子多而且貴樂莫大焉

六　艽　春深桃李到処成蹊

七　𠯈　欽命典試

八　奆　美菊滿園岀雅媚松筠独翠晚來香

九　𡗗　残年踪跡落風塵一旦辞归志白雲

圭直十奎　一往西行不復还

一　平生立志在四方走遍江山千方里
二　太白狀元任作爲一生快樂杏花村
三　事業經綸至濟蒼生
四　少年不遇明花景壯崇應逢大有年
五　姻緣非一姓佳人重又重
六　幼年喪父方合
七　二子送老先天定數
八　父死故于水年冉生年局金方合此刻
九　操持未久鬢先班一点雄心尚未閑
七三旦千七四　如日初紅正盛之象

一　卜君阳年許以古稀
二　滿架茶蘼花開十姊妹
三　自古立門高且大倍增光处羨兒孫
四　五九六十　色麗黃金腰横白璧
五　五五六五　善慶有餘富恩厚自流芳
六　命帶財星逢二患一生富祿綿匕
七　五五六五　泪流粉面破滞殘粧
八　头面不周全前生涯定
九　命帶刑傷四旬之外得子方安
七五五四十　右意含意白首吟哦

一 四九五十 日坐書斎静身心兩目間

二 卅九四十 时逢暖日景和平人物光華地傑灵

三 六五六六 禎祥自有畐祿無边

四 紫荊開五朵田氏後庭花

五 廿一廿二 事匕亨通太平大小俱吉

六 廿三廿四 閨中禎祥納畐有餘

七 廿五廿六 君子当思吉㐫辭利見时

八 此刻注定貴人婦水年夫入泮木年中 戌归

九 七五七六 如天和則西堂新阳和宇宙尽沾恩

七圭卑 命有將星当棄文就武

一　　少年運棄如阳雪中運平匕老景隆

二　廿　毋毋何恃欲养难存

三　　姊妹七人数由前定

四　卋　子規啼落楼台月一梦南柯嗟不成

五　坴　哀哉哀哉萱草墜埃

六　　未知妻咪先当受尅

七　罣　行藏順遂万物皆新

八　　数有九子四子送老

九　　命王刑傷五旬之外淂子可賀

壴皁垩　春涂桃李到処成蹊

七三頁十

一 問名無成問利有益

二 卅九 四十 自然無不利不順也成功

三 两朶名花一双姊娣

四 廿六 跡食飲水貧而樂失水蛟龙志未伸

五 卅三 海濶断桥楊柳進烟时未到

六 若問阳年有幾許尔生之年是凡期

七 倘行阴功寿延一紀

八 能克己不能屈己能饒人不能讓人

九 五九 六十 幸覌樂利之崇永享太平之福

一　命主刑傷六旬外得子可喜

二　里　蕙帳生寒須防蕣蔡之咎

三　早崇已知多險病畄星相熠得長年

四　廿　阴暗已分須可以行

五　儉積成家毫厘不失

六　共　北堂萱草謝杜鵑啼血泣親幃

七　持已磊匕落匕行藏不疾不徐

八　姊妹二人一人不存

九　苗　五彩绳牽月老西堂京兆許張郎

三卓　啇祖成家百世怡然自樂

一 四九 五十 粟帛有餘大稱心怀

二

三 卌五 卌六 陶令喜栽彭澤菊 嚴先思釣富春魚

四 波涛歷捲三千里 邑祿休匕骨肉残

五 卌三 卌四 欽命典試

六

七 卌二 惟願月明花正好 誰知風急花生寒

八 兊太子來晚亦可作家珍

九 卌一 人遇时來光彩現 花逢春到色更新

七千二百八十 一生劳碌為他人 衣祿無虧身不寧

一 共 風捲荷珠碎又圓ㄅ碎總是風無定

二 乙卯之年名登金榜

三 罡 江間風轉好行舟不急征帆遠上遊

四 蒊 三春花柳半在風雨之中

五 丗 皎月復圓ㄅ之又復缺

六 蒊 梅花開雪後巳自歷羣

七 蒊 賴有根基浮庇刀年

八 𦉪 大川滚ㄅ涉履總安然

九 蒊 佛在西天清閒可悟禪

十 圭 樹小枝高根浅搖斷

一　莊　守靜宜恬退輕舉即畐帆

二　乇　大數已停

三　尭　扁舟一葉鴻毛小寄語舟人把舵穿

四　共　山野曉烟清氣逈桃林終日和和平

五　巺　金闕書名多得意食瓊餐素畐妥双

六　甚　凨生浪未平未遂息休心

七　蒫　梅芳杏秀明春回來

八　丙午之年三場捷報

九　姊妹二八姻緣配合

毫甚足甚　止矣

一 淵明解印归山隱詩酒黄花達性情

二 芲 恍匕惚匕不但人嗔有鬼嘖

三 𡒃 年來崇未定时与叉时低

四 罿 能掃江漢功績继新

五 塁 年逢五九憂及椿庭

六 丗 花開滿院多枝葉独發新芽

七 不須操武畧名利在西方

八 干 在君唱咏且高哥閨中和奏亦欲呵

九 里 小舟巨載被風浪須不顛覆至驚慌

壴卓 四雁分行吳楚歷浙

一　豈杰子息遲遲之独得音
二　至三　河边楊柳暮生烟一段愁思鬱鬱时
三　至五六　至羨利元吉西方喜氣生
四　豈有手足即如陌路人
五　全憑阴阳成終始竹畔松阴結子生
六　四十二　披蘇无情門庭鬧乱
七　廿五　洛阳春色景物宜人
八　江外青山利可求前程進步在他舟
九　以武季而選守府人之大幸
七三百千乇　三九之年遇貴人相賴提攜都显榮

一　宝鏡重磨光景非田

二　罡　簷前鴉鵲噪报喜又报凶

三　丗　雪壓関山總未收狂風吹断白雲头

四　共　官至遊府以遂美意

五　苹　入万花谷中应接不暇

六　兄弟二人泰楚不同盟

七　𡗗　晚年生子人之大幸

八　池水蛟龙身暫屈中心那願混凡鱗

九　𡊄　老來得娇見皇天祐我

𡊄　名登黃甲

一　卅九 四十　氣息奄奄徒勞度日

二　　不爲天下奇男子定作人間女丈夫

三　卒　上天晶已祐喜慶吉相逢

四　共　桃夭色暖和風麗日映千妍

五　嘉　子姪巍峩身隱日返

六　畓　元龙生悔吝吉凶以悔亡

七　苗　椿庭一病成回首咲語依稀夢裡逢

八　　妻配羊命方能諧老

九　畱　六九之年晚運奇不惟有寿晶相依

七三百五十　苗　三八之年大運通從此立業事與匕

一　数定原來主欠兒孝有娇姪膝下戲

二　三十二　人逢古稀君未足何由少八竟归期

三　守着幾畝田安丁一生身

四　十九二十　閨中弱女恨凄七凨雨淋漓草色萎

五　廿三廿四　病符相焰势如黄葉迎凨

六　幽閒崇月足称多畐

七　六十三六十四　点灯焰路來往妄疑

八　四十九五十　翰墨流芳滿胸才不遇孫吳實可哀

九

七十三七十四　麟兒生下天报善人

一　廿九　三十　清明天氣朗雨过信精神

二　春雲西北起三雁嶺南來

三　庚子之年三塲捷報

四　喜怒不形物我兩閑

五　六十七　六十八　当宴膺揚

六　五十九　六十　金菊流芳蘭蕙生香

七　六十七　六十六　進步晦生多不足危前失後有春風

八

九　六十三　六十四　輕拋人爵修天爵遠出青雲伴白雲

十三百卆六　数止于此

一 三七 惹起被謗可以思退僅免憂

二 三二 自牖看天咫尺天涯近

三 千 点灯于当風殘威其焰

四 二十十九 武試中選

五 四千 一登平稳地從此少風波

六 六廿五 勿嫌春未至行見春梅花

七 六十五 花開滿院紅人遊樂無窮

八 姊妹八人先損其一

九 六四五 冲天大鵬從魚月鑿一息千里遁愁高耀

十 四五 降福除災喜至慶來

一 演武及第

二 家業浩大何期遭日破耗

三 兄弟四人数有一貴

四 卌 前程桃李漫成蹊紅匕白匕鬧芳菲

五 卅 一朶灯花報喜來進前不復有徘徊

六 父先故于本年冊生年局水方合

七 共 憂之復喜先難後易

八 中年而亡方合先天定数

九 奎 生子之年

壹百千廿一 武試中式

一 廿七八 柳媚花明賞心樂事

二 二十六五 芝蘭挺秀送喜松筠映玉堂

三 廿三四 当夏鶯塲

四 喜得後園桃李茂玉堂金馬可成当

五 廿九 三十 披蘇無情門庭鬧乱

六 三十 子規不隐声啼出好傷心

七 行藏不傲不驕動止半文半武

八 廿五六 雪浪沾人寒金魚入手难

九 廿五六 好花開錦色叢叢天意晴和人意濃

十三臯 財如春水源源進畐似朝花朵朵鮮

一　卄六五　武科中選

二　卌八乙　發强剛毅足以有挑也

三　卄八　欢娛正好嫌夜短泪洒西風鮮佩環

四　丗　前荊後棘移步不得

五　卒三　情效王羲之慵懶皇家仰

六　四十三　樹植根深不怕風当头

七　卄乙　半夜浮雲捲月五更雲散重明

八　卒六五　知君老至精神壯家業重與子又昌

九　官至叅將不能高擢

壹覽　戊子之年不能提報

一　　兄弟三人方合此数

二　四十三　炊白梦可傷千里泪方行

三　　命与伯道同無子豈非定数

四　　水火之年進場方合

五　　官至把總必有变幻

六　　若知石中真有玉下和可造化可重識

七　六十五　其时月黑猿声切微雨沾衣泪暗流

八　四九五十　毓物普施人物阜人間齊口誦昇平

九　十三四　红日上三竿阴翳皆消滅

七百四十　安如盤石晶象屡增

一 廿五六 搖匕不定風敲竹添匕無顏雨打花

二 㗊 楊花扑面三年泣血

三 數有四子滑以送老

四 廿二 时花和睽畠祿相湰

五 卅二 太阳炤耀人物光華

六 廿九三十 君子有先見無徒劳往还

七 奀 数訣生子

八 佳人珠翠滿盈箱只爲他家富貴場

九 花 名登武科

壹百廿

一
二 五九 六十 火星烱命官職高陞
三 六九 七十 惆悵已多劫神相催
四 行藏迴出人間事卓然不肯居人後
五 廿五 名園種松竹勁操自盤根
六 姻緣早配名門子紅葉傳書櫫ヒ香
七 四廿三 未能長驅車脫其輻
八 刑傷于早年發屆干中運
九 廿三 羅符烱命暖度相生
十 七二卅 削髮作尼僧前生善果

一 卌五六 宇宙蒙晦江山失色

二 卌凵 勿多言勿多語休管人間是与非

三 罒三罒 好運恰逢期畐录処匕同

四 夳五六 昏匕黑匕鬼魅現形

五 共 老椿忽作遊仙客難免三年泣血悲

六 命有五子得以送老

七 膝下少班斕子祠当式谷

八 五亞 数逢大鈌子規啼落楼台月

九 大亞 六九之年運已亨財祿之利更相隆

壽阜 不足于心足以自洪

一 三千廿九 名登武場

二 二千十九 秋月初出林江山氣象新

三 五百七十八 財帛積豐蓄景益隆

四 不文不武不刀妍到老生涯自在天

五 四百八十五 三策獻于皇庭沾九重之雨露

六 四十二 雲暗月明花開雨晴

七 四百八十五 朝攻暮課諸吉悉至

八 四百三十三 高樓要在前村过走过前村又一村

九 十一 渡过危橋百慮始消

十 壹百六十一 病入膏肓屡医难治

一 罒 勞心奉皁晶來遲巧中還拙是還非
二 　 承慈受誥勅之榮注定母先赴九京
三 廿 月下琼花香可咲日高梅影葉還跡
四 吾六 院月寒大迷行径悲風帶雪点征帆
五
六 圭 紅蓮初出水春色草怕霜
七 苦 爲出四肢病防生泣血声
八
九 吾乇 有人相欺囊中有失
壹百卒 二老膺誥勅之榮注定之母先父後期

一　　須然未許登科甲也有人來讓出头

二　　不敢許千金富实許七百数榮身

三　　借問一生身外事過犬之年是归期

四 仐　往問前村路还淒暗裏行

五 罡　紅粉綾綿纱壹事何足隹

六 坴　雪滿荒郊外憂心切匕时

七 䒤　枝头初藍紅芽放識得春風景色隹

八 乍　南極祥光炤我身到此古稀臨

九 吾　数該生子

壹百 五九 六十　院月寒烟迷行径臨風帶雪点征帆

一 三六 数該生子
二 別于庶人实係兵家
三 二十九 龙蛇潛伏时行路喜氣刀臨造化新
四 五十四 否極終成泰蹇後運还通
五 我有五崇未成童不幸慈母入幽踪
六 四六 劳心又劳力持担夫有人
七 深山有木工師欲求
八 四十三 少年行樂根基懶有前人
九 四廿三 萤火不燒墻上草利刀難杀鏡中人
七千四百卆 考試無常得失有命

一 卌三四 黍稷盈倉金玉滿堂

二 五十九 寒氣將回先報喜雪餘欢咲賞紅梅

三 六十七十 年已古稀当竭力午朝廷

四 其人事業傳于不枋

五 謀爲順遂般般合作事亭通着着高

六 卌九四十 解組林下必逸日休

七 五十五五十六 鵬 飛天漢雲程遠腰金衣紫近皇台

八 爲人耿介作事公平必高志更高

九 五十七五十八 瑞氣藹金炉神仙造化扶

七百二十 卌一卌二 科場得意

一 卅 椿樹已成風木恨难免三年泣血悲

二 造化天犬爲女命夫榮子秀畐綿匕

三 歷盡江湖苦買田置業豊

四 洞觸明阳元化相成天地奇功

五 根基敦厚可以守成

六 鐵筆一枝寫盡人間禍畐金錢一個預知世上乾坤

七 卌三 房考之年

八 卅九 科甲及第

九 廿四 三八之年遇貴人相賴提携畐轉隆

壹是 爻命本局蛇

一　兄弟八人方合
二　多有助夫之惠善主蘋蘩
三　罒八乇　芳名遠播承恩澤之榮
四　丗二　一咲馬前人事好幾多風雨在魚磯
五　創高厦門庭增彩直田庄而土地積荒
六　罒三　九死一生總賴吉神護祐
七　罒皿三　一点陽春信來前程堪進勿徘徊
八　卄八　方知琴絃相樂豈期竟尔鼓盆
九　妻配猴命方能白首
壹章　眉头不掛煩惱心境安舒

一　八九九十　年已九旬不必問往年
二　土木偶為伴焚香好誦経
三　廿五　数該喪厥親难留在西堂
四　三十五　好運正当與玉出荊山色自明
五　廿八　数該生子
六　二十五　科甲及第
七　廿五六　身入泮林
八　廿二　履道坦ヒ幽人貞吉
九　蚩炁未遂青雲志可羨人間一富翁
七十五五十二　武場報捷

一　巧言令色成人之美

二　数完矣

三　廿二　柳媚花明賞心樂事

四　八千七十九　松斯栢斯亭亭上鸞鳳婆婆安樂多

五　五千四三　鏡破合完虽完不久

六　四廿三　武場捷報

七　四千　冲天之志不得伸不如堅守待時臨

八　卅八　富裕且康惟田惟桑

九　工師作室層不成居

十　七千五百八十六　爲着別故人空作百年計

一　庚午之年鄉科及第

二　茈八　燕子双飛春正長園林吐錦百花香

三　風流逸客少年光更多对酒野花香

四　垩　驚恐成病馬陷坭沙

五　甚　五彩绳牽月老画眉京兆許張郎

六　棄　数未滿旬主喪灰親

七　六五　仰托餘慶少年風光

八　数中十二子四子送老

九　姊妹四人仝父不同母

十三五百四十　虎風生好雨泮水耀青氈

一		兄弟二人方合此刻
二	四六	路有崎嶇幸得漁人指
三	四五	鄉科独步
四	十六五	災消禍除喜事頻至
五		生子之年
六		榮登上品孝敵方人
七	四六七	步步掙挫坎坷歷过
八		家道雍和惟借内助之力
九	五四	六九之年運已通貴人指引晶自隨
十	七十五旱	辛酉之年鄉科中選

一 罡 惟安惟靜平安之慶

二 芼 雙親棄世日入子泣血時

三 筆下倒流三峽水胸中惟富五車書

四 兄弟六八数有一貴

五 國李馳名日鴻刻耀青毡

六 芼 花發上林錦綉炫目

七 杏林春日煖冠帶自天來

八 垩 时逢春色十分佳景

九 罡 欽命典試

𡊄頁芼 当宴膺錫

一 [illegible] 口不進祿空餘紫骨

二 若問平生名利事標名光耀国李中

三 [illegible] 天边問明月我度缺不圓

四 淡空忘世味洪恩一命來

五 [illegible] 夗央两分我独立溪边影自孤

六 若还要問平生事上苑花開別樣紅

七 [illegible] 不幸爻亡三年泣血

八 [illegible] 恰似凤前柳犹如雨打萍

九 [illegible] 衆盛且强既富且康

[illegible] 廿九 四十 武試中式

一 數尽矣

二 一腔熱血揮金滿面春風

三 廿八 秦楚不和與兵結怨

四 八十二 遐齡暮景盃缶風烛之憂

五 連至高僊官爵显榮封贈恩綸又生香

六 徒弟四人以為送老

七 五十五六 鹿鳴以宴又兆熊羆

八 卅二 父死之年昊天罔極

九 四十三 武場得意

七十五百八十

一 数有十一子㝵以送老
二 雅志寄于梅雪气情淡于族内
三 [illegible] 紅鴦稍炤配夫之年
四 [illegible] 風傳刺漏星河浴月上梧桐雨露濡
五 [illegible] 生子之年
六 [illegible] 千里月華明寒鴉棲復驚
七 [illegible] 如抱明珠未出淵涵养天真且自寬
八 湘江烟雨波涛濶三雁高飛任去來
九 [illegible] 梨花院落三更月杜鵑啼散五更風
十 [illegible] 枯木發新枝

一　拋經史而向市廛欣匕然樂于半世
二　相夫而高大門庭桔据而克孚其子
三　卄六五　名進宮墻弓馬入泮
四　卄九　椿枝一折泣血三年
五　御街献策三千文金榜題名独占先
六　一鄉称爲里老冠帶幸𠷈恩波
七　卄六五　吉星相炤人事湊合
八　兄弟五人数有一貴
九　仁慈通立身列道会
圭六是　数有十一子送老难脊

一 四四三 武場中式

二 四三 輕風能便借喜咲見前程

三 女兒齊賀鳳直奇才旺夫益子冠大家

四 六七 泮水芹香今朝採

五 四六五 人万花谷中应应接不暇

六 敏穎入泮宮威略展孫吳之秘

七 六七 幾年奔走名塲今日方得安康

八 数定乾坤真出奇總至一子結枝頭

九 四九 五十 日落西人影滅

壹百十 四九 思父不見泣血三年

一　四四三　不得其志淵明在旦

二　四三　二十有二哀及椿庭

三　武場中式

四　八七七　功名路少成出家貪黃金

五　六五四　朝饔夕飧美在其中

六　生平仁惠清純詞館文章及身

七　六七七　招得水火之于方合

八　鄗光明媚物色更新

九　四九五十　解組林下身日逸休

七五百千四兒　衣沾芹泮露袖惹御烟浮

一 四三六 安常处顺得意倍常

二 胸中难藏宿事必直口宜直

三 姊妹四人姻缘各配

四 早起夜卧無休息之期

五 初運有成有敗老來乃熾乃昌

六 因妻財而致富人之大幸

七 十二 桃红柳绿大称心怀

八 四十二 天有不測之風雲人有旦夕之禍福

九 五三六 武場入泮

十 四五三 椿樹枯矣三年之悲

一　無心而得一青衿竟亦無心而失

二　五二　三塲捷報鄉科及第

三　九六　數未滿旬何忘之遠也

四　識字能文女中才子

五　通先聖之妙理定人間之休咎

六　田連阡陌家業興隆

七　勞碌心間事不閒三分火性逐心偏

八　數有八子淂以送老

九　廿九 三十　早起夜眠會無休息之期

七十六卒七十　數止寄于浮雲去

一　　木年爻命終

二　䒹　正好倚楼观夜月誰知西地起烏雲

三　丗　雪壓椿枝三年泣血

四　　火木年出家

五　佱　高枕北窗下自有大吉人

六　罷　投網捕魚兇則投之

七　丗　朦朦朧朧山色有無中

八　蓝　名進賢則文章入泮

九　　以武奉而選千總数由前定

十　堇䍐　粟帛盈倉有实無虚

一　衣祿不關心克享菩提之福

二　佳人七姓副室多

三　出身榮華之地命當詩禮之家

四　卅九 四十　喜事相臨流年之慶

五　四十二　雪壓椿枝三年泣血

六　兄弟怡怡又入泮宮

七　四十三　落黃葉于秋林濡鮒魚于涸轍

八　將隊之中有名先天注定一兵丁

九　兄弟三人方合

十　[illegible]　是年登科

一　猴年文昌炤命青不換布衣

二　四三四四　逓占時不利欲進且難前

三　賦性純和行遵矩度

四　廿三廿四　一枕和風初睡覺佳人報道好花開

五　全憑陰隲積慈念自有麟兒入夢來

六　廿七廿八　前荆後棘進退兩難

七　十五十六　園林春花紅紫光輝

八　廿九三十　春光明媚紅綠並新

九　廿九三十　助良人之才納閨中之福

十　廿七廿六　紅鸞交白虎吉裡又藏凶

一　十一　火年喪妻十一年再娶方合
二　廿八　雪壓椿枝三年泣血
三　八十七　迍迠由來已数年一朝反本復还原
四　姻缘長短皆前定月缺花殘数不饒
五　三十三　扁惪星炤臨門庭喜気多
六　十一　十一喪厥親幼年不幸
七　四十三　輕抛人爵脩天爵遠志青雲伴白雲
八　祟亭迠用子遺下一双兒
九　命帶文昌夫登黃甲
壬六卒

一 一六七八 数止矣

二 二三五 擁厚实似缶匕求人多樂

三 廿一 堪羡運轉有爲时

四 此刻注定貴人归火年夫入泮赱年夫中

五 廿一 不当進步且盤桓浔意之中欠佳欢

六 器 琹缶月意皆因絃断

七 琢磨成功皆成大器

八 琹棋泛要樂詩酒任君行

九 鼠年文昌炤命青衣换布衣

十三六十 四廿三 天哭催人有傷骨肉

一　作事常存三尺法見人渾是一團春

二　欲成夫子與家業信是人間女丈夫

三　卌三　梅花刀斧引將畐來

四　卆乇　飽食煖衣無求之樂

五　卒　鄉科及第

六　卋五　是年弦線断

七　生財有道存忠信克已無私体至公

八

九　命有四子偏房所生

壹是耎　韶光明媚物交新

一　廿五六　一番春雨露楊柳正芳菲
二　夫栄子秀樂綉宮財祿定之無窮
三　逢運好把精神展遇敵方知正始雄
四　五九六十　至此年遊泮可必
五　四九五十　兄弟多而情消只寡合已矣
六　荊棘当前進退兩难
七　四五六　祖父之業不守子孫之基有玷
八　北方之運西方地自是清閒勝显名
九　一載夫妻情未滿良人早已入黃泉
丰七章十

一 四九 五十 豺狼当道牽步斗纒

二 四三 有名無實人乖運亦乖

三 天喜相照一胎生二子

四 六七 掃開万里雲現出一天星

五 四六 披蔴相照憂及椿庭

六 三六 落花滿空山秋風解珮環

七 命有六子得以送老

八 惟愛風流得意多花間酌酒或吟哦

九 四三 夫榮子旺常禎祥

七七四十五十

一 四六 当宴広揚

二 五九六十 蓉菊满園丘雅麗[illegible]独翠晩表香

三 財源交接中年発家業丘隆气象新

四 四六五 陶令喜栽彭澤菊严光思釣富春魚

五 十九二十 恍惚每多意外之憂

六 三四五 六九之年晩運通貴人提挈淂丘隆

七 祖業更添新門庭反勝旧

八 此刻受妻多金命土命併火命

九 六十五 一孕梨花白玉開喪門照命有憂來

[illegible] 一胎二胞一男一女

一 老椿先作遊仙客涓血沾衣涓漣々

二 兆 忽梦炊白憂难消除

三 龠 老年当壯犹優于仕路

四 姊妹三人仝父不同母

五 丗一 重山之外問黃金始歷艱辛後有成

六 乇 未得成人其人亡矣

七 耄 鏡破釵分花残月缺

八 六十五十九 正是豐年人快樂不妨紅日繫繩長

九 苘 三八年來運已通成家立業自興隆

耄辰 离室之人真不幸猶有受姜存亏

一 火年父命先終
二 坙 椿樹有年狂風吹折
三 兄弟五人方合此剋
四 三千廿九 絕逢坦道又遇雨正好行舟又遇風
五 四廿三 門外坦途無往不利
六 羨君有酒沉七醉嘉君無錢不覓貧
七 罢 分織女工無他丁內室安閒納福多
八 尢 椿樹風吹折三年泣血悲
九 戊午之年鄉科及第
十 百卆 昏昏黑黑兒魅現形

鐵板神數 年集

一 卌三 履虎之尾不見其凶

二 甚 凨木有餘恨难免泣血悲

三 廾八 生子之年

四 𡗗 童年甫一旬父死泪沾襟

五 罝 数該生子

六 卌三 嫩柳垂绿漠ㄷ晚烟濃露朦

七 雪裡高山尽白头梅中仙果子ㄗ遲

八 奎 鄉科及第

九 罣 房考之年

七七真平 良人丧後子结二枝

一　　翁姑俱喪归之不幸
二　廿　一阳刀動侯黄鍾浔合天心困始通
三　艽　断弦之憂此年难免
四　　隻身一人方合此刻
五　　借問一生身外事遇猪之年是归期
六　罡　仕途変幻官訟交加
七　罡　與兵结怨吳越交鋒
八　七　五彩绳牽月老西眉京兆許張郎
九
亖章尭　百崇欠一春含咲入黄泉

一　廿一二　及时梅萼枝匕秀春信先來到酉堂

二　卅五六　猛虎出松林吼嘯風自生

三　多有助夫之德又招富貴賢郎

四　四十三四　馬头帶劍掌握兵權

五　四十二　老椿風吹折三年泣血悲

六　卅五六　欽命典試

七　四十七八　篱竹独舒元亮與江蓴忽起李膺情

八　到処交情容易投清風車馬貴人留

九　卅九　四十　雨过不妨耕緣野月明吠犬吠花阴

七十七頁个五十三四　元亨利貞室人之慶

一　兂　喜遇青龙現安然不須憂

二　𦬹　命炤武曲弓馬入泮

三　芁七　三月艷阳天遊人樂少年

四　六䒤五　含哺只有喜進退且待时

五　罒　不惑之时孝服臨堂上棟樑傾

六　劝君勤儉為生理自有與家發達时

七　甚　事不見机至于阻滯

八　他日秋雲登桂籍脫青衣換紫袍

九　兄弟六人方合

亖亖兒　四九五十　不淂其志淵明東归

一　三徒金年收四徒水年收方合

二　罡　道路荆棘塞遑々莫問津

三　晃　事々只宜堅守妄行取用反爲凶

四　𠃍三　灼々桃夭日暖花嬌

五　芲八　日暖風和芳草自含生意

六　兄弟六人数有一貴

七　徒弟三人淂以送老

八　数有偏枯第二子不肖

九　罡　欽命典試

三六覓吾老　和気叶禎祥閨巾慶有常

一
二 六七 哀々泣血正有刑傷
三 易其田畴樹藝五谷光風快樂
四 手藝不分貴賤只求發達興家
五 胸中藏列錦雲章身居国李姓揚名
六 四二 鵲噪南楼頻々报喜
七
八 五五 春光開遍錦方彩与千紅
九 丑年文昌炤命一宅泮水生香
七千百十四九 㤅親數已尽准在西堂

一 四千八七 清風明月裡事得富自多

二 八千八七 暮景安閒天賜洪庥

三 五千六五 南國風烈吹折椿枝

四 出將入相比美柳官

五 千四三 風雨初收中天日現

六 官至遊府以樂終身

七 三千 生子之年

八 四千三 氣運方順將來發達

九 五千四三 万頃波濤千点乱一天星斗更休閒

七千八百 一生衣祿足運到花瓷錦上添

一　兄弟四人方合此刻

二　丗　紅蓮倚綠水搖動各渙光

三　尭　天地常存年華久合

四

五　𠔀　芙蓉在秋江不耐風雨霜

六

七　十九 二十　不假餘力根基自植

八　廿九 三十　処匕花間我親栽開时又遇狂風吹

九　芘　烟緣遂匹配鸞鳳自相交

十六百三十三　桃紅柳綠人多樂意

一　　貞靜幽閑惠女閨內助人

二　卌三四　先甲三日吉後甲三日昌

三　　畐星炤燿官職高陞

四　兂　風吹綠柳最難持三思而行免禍危

五　六十五　阴気盤桓步履錯得交和気日朝阳

六　　不用五经应試只憑三箭显名

七　二十十九　細雨活新花閨門楽意濃

八　四卌三　武試中式得占高魁

九　共　四九之年運已通圖謀順利事隆隆

長命五三二　坤人之樂日悠悠

一 廿九 融融日色麗抵掌度有年

二 四十 幽閒婦女正清奇旺夫益子舜大家

三 借問平生何処事遨遊京国在他鄉

四 扃星当益壯蛟龙已出淵

五 子有双枝玉人復亡

六 塵掩菱花月中多滯

七 八十七 紅日初昇阴気消除

八 三十一 天賜南山寿人享扃平安

九 五十九 五彩繩牽月老画眉京兆許張郎

七千八百三十八

一　　　己卯之年鄉科及第

二　六五　閨中弱女都生愁可怜花被雨中差

三　廿七　水流花落惆悵堪悲

四　　　銀帶出身金帶止青雲盼望白雲傾

五　四六七　終日弥陀苦修行蒼天怜我消得愁

六　　　父命終于壬年方合

七　至　鄉科及第

八　六廿五　久思洞房快樂

九　四十三　少年安樂得庇蔭

七六頁六廿　梅花開放早好不恨春遲

一　三一四三　魚遊臨淵踴躍自如

二　廿六五　輕舟遇順風欣笑急流中

三　兄弟七人數有一貴

四　四六　椿枝風吹折難免泣血悲

五　廿二　春光暖日復饒物色

六　三二六　水尽山窮命不堅渺渺茫茫別有天

七　四六七　尋師訪友忽遇知音

八　三六七　虎怒噬人見之有悲

九　六四三　臨風回首攬轡三嘆

亥亭午

一 八九 九十 脫却塵埃可以悠然物外

二 五十五 点灯相炤往來大道

三 姊妹五人方合

四 五十五 可恨姻缘不到头五旬之外断絃㬊

五 初任都司之职

六 四九 五十 頼有吉神祐閫中畐自禎祥

七 所謀有鵲畧非暴虎憑河之輩

八 六十五 紅葉喜相引氣和日暖时

九 大限凶星当壓死

十 二百八十七十五 六 日暖凤和禪室自添好景

一 [illegible] 陸路高低弗点灯月明如昼亦难行

二 命有貴子前生注定

三 [illegible] 滿園名花映入耳目

四 [illegible] 處深方有喜雪散月光輝

五 [illegible] 春光暖処須饒物色

六 [illegible] 輕風能便借功業見掀天

七 [illegible] 人生七十古来稀今日少三竟归期

八 [illegible] 时逢暖景人物光華

九 錦衣之戢数有注定

[illegible] 宜室宜家幽人貞吉

一　五十四　六九之年運奇財祿兩相宜
二　四十二　喪門相炤憂及疾親
三　二十六　五彩繩牽月老西眉京兆許張郎
四　姊妹五人同父不同母
五　心高性剛直甘苦皆経歴
六　官至總府以樂終身
七　四十七　財祿自豐
八　五十九 六十　安然順利
九　四十四 四十三　欽命典試
十九亘　送老二子花開別樹

一 芲八 吉凶相逐慎之慎之

二 徒弟四人得以送老

三 罡四三 恩星相炤任陞司徒

四 仐 波平風静穩渡冬夏

五 妻室悲樑数中注定

六 浅水蛟龙券头角直待風雲上九霄

七 子結三四枝玉人去世

八

九 五 大限已停命即傾六親有泪洒沾襟

十九章 四九 五十 相炤有末門衣裳白一番

一　怀抱安舒際遇相安

二　若問好姻缘全在吳与越

三　罡　不幸椿枝折三年泣血悲

四　奎　朝霞映日西堂佳気

五　兄弟七八方合

六　軨拋人爵修天爵遠棄青山伴白雲

七　春雷已有声潜龙泛此振

八　妻娶五度方能白首

九　万卷詩書少时讀登雲步月沐皇恩

七二九算去　未得成人主喪双親

一 運籌帷幄妙机帷精
二 李杜文章無意得蕭曹案牘足荣身
三 芸 椿枝風吹折三年泣血悲
四 奎 老蚌生珠之喜
五 菇 房考之年
六 名登國李地身在碧雲霄
七 運到自茫坤地發百花各向午時開
八
九 弄 椿枝已折泣血三年
壹百千 硺磨之玉價重連城

一

二　卌五　鵲噪与鵲鳴吉凶自有分

三　浔授金腰孛家沽畐

四　四三　族子送老数中定杰

五　佮俐僧官必非庸常之輩

六　四三　坐馬未有鞍徊徘不敢前

七　四三　命炤武曲弓馬入泮

八　借問花開結子否奈何婚氣柳梢春

九　四二　琴瑟和鳴浔期良人先逝

九九四卑　命犯凶星妻当死于烟炮之中

三五百三十二八七

一　精習杜康藝立意醉劉伶
二　四三　碧草生春色黃鸝最好音
三　玉人亡後子結一枝
四　四八七　利牝馬之貞流年吉慶
五　三三八七　權星炤命官陞司馬
六　三三三　椿樹有年被風吹折
七
八　愷悌存心端方律已
九　術既甚精何难至富以身榮
月中行現斗光暗各分明

一　五九　六十

二

三

四　廿一　廿二

五

六　卅九　四十

七

八

九

十五九百五十

勳勤鼎彝封誥榮身

印中偏財必作副室

偏途堪謝箭熟讀六韜書

喜入門庭吉利相港

黎氏一点四方志祿位高陞便超群

膚智之人事不可惑

官拜総兵至侯一等

勤且險守錢廑毫釐不失

一　四七　琴瑟和鳴一弦忽斷

二　三五六五　駕鶴乘雲去飄然覺不回

三

四　廿三四　利名当香須以待之

五　空門無室碍畐意自相隨

六　五四十九　双飛鴻雁出入門闈

七　四七　每恨莊子嘆于今我亦同

八　四七四三　房考之年

九　三五六五　不得其志淵明東归

七九百十　五十　椿枝風吹折三年泣血悲

一　八十七十九　逢灾不成遇难有救
二　六十四十三　时来君展翅可遂平生愿
三　　兄弟四人方合
四　五十五　運至时行无往不利
五
六　六十七十　眉头開暢事得施爲
七　六十四十五　消无妄之灾納禎祥之畐
八　三十十九　勿嫌春未至幸見早桃開
九　　姻緣非一姓隹人重又重
七十九頁十六十　鄉科得意

一　　兄弟九人方合此剋
二　廿　三九年未運正貴人指引得相宜
三　　数有五子四子送老
四　五十二　安閒黃月無憂無慮樂春風
五　九九一百　五福寿為先明媚色更妍
六　卅　母赴瑶池三年泣血
七　五十五　残花幸得逢春早点綴桃花面目中
八　　吉星相炤喚醒三春醉梦
九　卅二　無明心性格定入鳳凰池
七九百十　箱囊金堆積倉庫有餘糧

一　卄七六　日月炤眉端光明在目前
二　徒弟一人得以送老
三　数載寒窗名未成不如市廛利盈盈
四　兄弟五人方合
五　卄三冂　眉星相炤及時猛圖
六　爲人天姿明敏氣質剛柔
七　卄五六　家肥屋潤般般遂旺夫益子事事昌
八　手藝精通日一生快樂年
九　徒弟四人得以送老
仐足